2019
数字经济大会报告

孙世芳　周超男◎主编

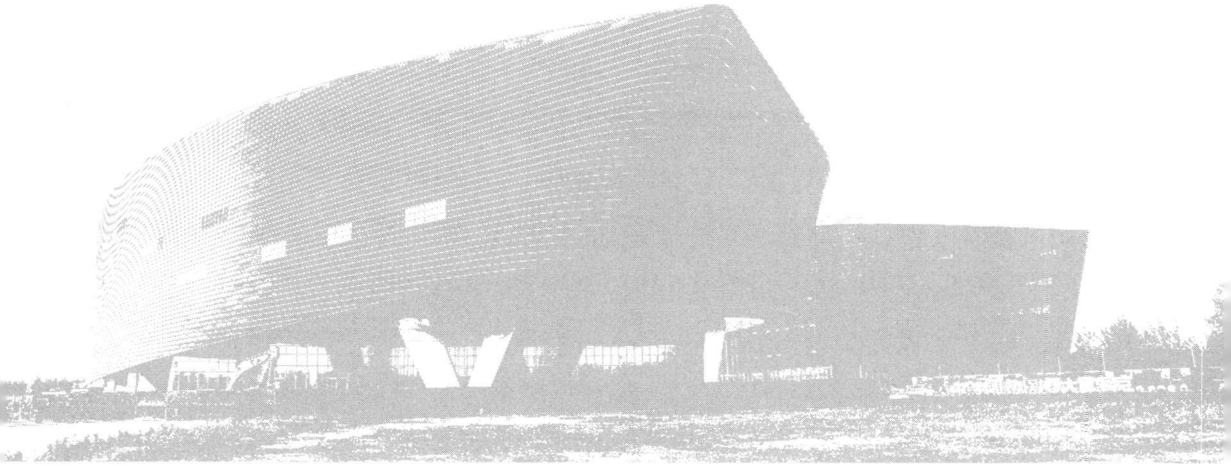

经济日报出版社
北　京

图书在版编目（CIP）数据

2019数字经济大会报告／孙世芳，周超男主编．--北京：经济日报出版社，2019.12（2025.4重印）

ISBN 978－7－5196－0629－9

Ⅰ．①2… Ⅱ．①孙… ②周… Ⅲ．①数字技术－应用－经济发展－研究报告－中国－2019 Ⅳ．①F124－39

中国版本图书馆CIP数据核字（2019）第270517号

2019数字经济大会报告

主　　编	孙世芳　周超男
副 主 编	欧阳梦云　吴　浩
策划编辑	肖小琴　周　璠
责任编辑	周　璠
责任校对	薛银涛
出版发行	经济日报出版社
地　　址	北京市西城区白纸坊东街2号A座综合楼710
邮政编码	100054
电　　话	010－63584556（编辑部）
	010－63538621　63567692（发行部）
网　　址	www.edpbook.com.cn
E－mail	edpbook@sina.com
经　　销	全国新华书店
印　　刷	文畅阁印刷有限公司
开　　本	710×1000毫米　1/16
印　　张	12.5
字　　数	158千字
版　　次	2019年12月第1版
印　　次	2025年4月第3次印刷
书　　号	ISBN 978－7－5196－0629－9
定　　价	68.00元

本社网址：www.edpbook.com.cn，微信公众号：经济日报出版社

序

怀着极大的兴趣，通读了《2019 数字经济大会报告》一书，读完之后，我收获颇丰，感触良多。全书覆盖范围甚广，既有数字经济的学术与理论探讨，又有相关的战略和政策讨论；既有数字经济发展现状的综合性研究，又有行业部门数字经济发展路径的实践；既涉及传统产业数字化改造推动的间接数字经济发展，也描述了数据企业带来的直接数字经济发展。特别是本书的下篇，讨论了与数字经济发展相关的一些应用系统和工程项目，颇具启发意义。书中不少文章，体现了“让数据说话”的研究方法，内容丰富、数据翔实，以管窥豹，可以说对我国数字经济的发展状况有一个概括的了解。从书中还可以看出，河北省委、省政府、企业界、科技界、教育界等各个方面，对发展数字经济的重视，令人鼓舞。

河北省是我国的传统工业大省之一，钢铁、煤炭、建材、装备制造、石化、医药、食品、纺织等重点行业都比较发达。然而，研究表明，就信息产业和信息化而言，河北长期在国内处于中间偏下的水平，2002 年至 2008 年，信息化水平在我国 31 个地区的排名在 18 位至 22 位左右[①]，整体呈下降趋势。近年来，随着“京津冀一体化”的推动，华北地区的信息化发展水平，在一系列主要指标上都超过了全国的平均水

① 周宏仁主编：《信息化蓝皮书——中国信息化形势分析与预测（2010）》，北京：社会科学文献出版社，2010 年 8 月。

平，特别是在数字内容与应用、教育与数字素养、政府创新支持力度这三个指标上更有优势[①]。当然，京津冀三者之中，相对而言，河北仍然属于起步较晚的后来者，亟须迎头赶上，后来居上。特别是河北的数字产业发展，受制于信息产业、互联网产业、信息化人才培养等诸多方面的弱势，要与京津并驾齐驱，尚需时日。2018 年和 2019 年在河北廊坊召开的数字经济大会，已经充分显示了在新一届河北省委和省政府领导下，河北社会各界力图在各个方面赶上数字经济时代这股大潮的决心和信心。河北省正在实施《大数据产业创新发展 (2018–2020) 三年行动计划》，积极发展数字经济，已经取得了明显的成效。

发展数字经济，是实现我国经济社会转型的一个历史性的任务，不可能在一朝一夕完成，各地的产业发展与信息化基础也不尽相同，因此，因时因地制宜非常重要。工业和信息化部前部长李毅中同志在他的报告中提出了非常重要的指导性意见："河北是工业大省，工业增加值占全国 4.5%，近几年淘汰落后、化解过剩、调整结构，取得显著成效，但仍面临艰巨任务。发展数字经济，重点要提升工业、制造业水平。在发展高技术产业的同时，河北省尤其要对钢铁、煤炭、建材、装备制造、石化、医药、食品、纺织等重点行业的转型升级下大功夫，探索实施行业数字化的具体路径，抓好重点项目，提升传统产业进入先进制造。"

从行业的角度看，数字经济可以分为两大块：直接数字经济和间接数字经济。

直接数字经济是指生产的产品或提供的服务，直接用于数字化的知识和信息（数据）的生产、分配和使用。如：信息技术产业，包括芯片、计算机、通讯（网络）、软件等；互联网产业，包括互联网服务业、互联网金融业、电子商务等；数

① 周宏仁主编:《信息化蓝皮书——中国信息化形势分析与预测（2017 ~ 2018）》，北京：社会科学文献出版社，2018 年 12 月。

据产业，包括信息资源库、数据生产与数据服务业、数据中心产业；以及网络运营服务业、网络安全和信息安全产业等。不难看出，直接数字经济中的产业，绝大部分是工业时代所没有的、信息时代的新兴产业。

间接数字经济是指在产品生产或服务提供的过程中，使用了计算机、计算机网络或数字化的知识和信息（数据）作为关键生产要素，达到提高劳动生产率或效率的目的的经济活动。如，政府类电子业务，即电子政务及其基于网络的各种公共服务；事业类电子业务，即学校、医院、社会团体等的计算机信息系统和数据业务，包括电子教育、电子医疗等；企业电子业务，比如金融业、制造业的产品和服务中的信息技术成分，企业计算机信息系统与网络等；机器人、智能制造装备中的信息技术部分等，均可划入间接数字经济的范畴之内。显然，间接数字经济将无处不在，因为各行各业都离不开计算机、离不开“互联网 +”。

因此，河北省紧紧抓住传统产业的数字转型，在转型升级上下功夫，不仅可以收获传统产业数字化、网络化、智能化改造带来的重大效益，使传统产业升级为先进制造业；还可以达到发展总量不可小觑的、间接数字经济的目标；更有可能因传统产业数字转型所产生的需求，带来各种各样的数字人才在河北的集聚，推动河北省直接数字经济的发展。一石三鸟，何乐而不为！

本书汇集了30余位作者的知识、经验和智慧，其广泛的涉猎、丰富的内容、求实的见解，具有数字经济启迪的意义和相当的可读性。相信本书的出版，对于相关领域的政府工作人员和科学技术专家，或是企业家和有志于数字经济的创业者，均会有所裨益。

周宏仁

国家信息化专家咨询委员会常务副主任

2019年10月24日于北京

前　言

5 月 18 日，对于河北省和经济日报社，都是一个非常重要的日子。2018 年 5 月 18 日，经济日报社和河北省人民政府一道，在廊坊成功举办了 2018 数字经济大会，取得了良好的效果，产生了广泛的社会影响力。2019 年的 5 月 18 日，“2019 年中国·廊坊国际经济贸易洽谈会”如期隆重开幕，经济日报社和河北省人民政府再次共同携手举办“2019 京津冀大数据产业创新应用论坛”，本次论坛也是“5·18 经洽会”的重要活动之一。

数字化、网络化、智能化成为鲜明的时代特征。习近平总书记指出：“当今世界，信息技术创新日新月异，数字化、网络化、智能化深入发展，在推动经济社会发展、促进国家治理体系和治理能力现代化、满足人民日益增长的美好生活需要方面发挥着越来越重要的作用。”

经济数字化转型成为世界大势所趋，中国的数字经济也持续快速发展。相关报告显示，2018 年我国数字经济规模达到 31.3 万亿元，较 2017 年增长 20.9%，占 GDP 比重达 34.8%。2018 年，中国数字经济领域提供的就业岗位为 1.91 亿个，占当年总就业人数的 24.6%，同比增长 11.5%，明显高于同期全国就业总规模增速。

京津冀地区作为我国经济发展的重要增长极，大数据产业发展蒸蒸日上，大数据产业的创新应用亮点不断。在廊坊，我们就看到了大数据产业创新应用的多个平台，例如，润泽国际信息港、河北省天空地海大数据应用技术工程实验室和京津冀大数据教育区块链实验区，它们都给人们留下了深刻印象。

今天，我们在这里举办“2019 京津冀大数据产业创新应用论坛”同时还举办“2019 数字经济大会”，就是为了深入学习贯彻习近平总书记对实施国家大数据战略、加快建设数字中国的部署要求，进一步挖掘京津冀大数据产业创新应用的潜力，释放大数据产业创新应用的新动能，运用大数据思维解决当前经济社会发展中面临的问题，从而推动经济社会的高质量发展，为京津冀协同发展做出新的贡献。

当前，我国经济转向高质量发展阶段，要求我们紧扣重要战略机遇期的新内涵，把握好数字变革的发展大趋势，加快发展数字经济，推动我国从数字大国向数字强国迈进。同时，我国也面临更加复杂严峻的外部环境，中美经贸摩擦等外部因素带来的不确定性，也迫切需要我们励精图治，做好自己的事情，力争在关键领域的创新应用上不断取得突破，从而获得未来发展的主动权。从这个角度来说，通过举办“2019 京津冀大数据产业创新应用论坛”，来推动大数据产业的创新应用，意义十分深远。

数字变革需要创新引领。推动大数据产业的创新应用，就是要不断推动“互联网 +”“大数据 +”“人工智能 +”，通过大数据产业在工业、交通、金融、物流、商贸、电信等行业领域的创新应用，推动互联网、大数据、人工智能同实体经济深度融合，实现经济的转型升级发展。

为了进一步促进京津冀大数据产业创新应用，我建议：

一是推动三地数据信息的开放、对接、共享，打造京津冀统一数据开放平台，实现全方位、多领域的大数据协同；

二是继续推动移动互联网、云计算、大数据、人工智能向传统行业领域的深度应用拓展，促进新产业、新业态、新模式的蓬勃发展；

三是紧紧围绕“数字中国”战略，加快5G商用步伐，推进人工智能、工业互联网、物联网等新型基础设施建设；

四是推动大数据人才、技术、管理等对外开放合作，支持企业、社会组织等开展多层面的国际大数据创新合作。

2019年是新中国成立70周年。推动大数据产业创新应用，就是要适应我国发展新的历史方位，全面践行新发展理念，通过数字革命，培育新动能，促进新发展，创造新辉煌，不断满足人民对美好生活的向往。

《经济日报》作为中央党报、经济大报，长期以来一直关注大数据产业发展和我国的数字经济脉动。我们将一如既往地支持京津冀大数据产业的发展，发挥我们的报道优势为产业发展营造良好的舆论环境，通过我们的智库平台为产业发展出谋划策。同时，我们也会借助大数据产业发展的蓬勃动力，进一步推动经济日报社的媒体融合发展，发挥好经济日报作为党中央、国务院指导经济工作舆论阵地的重要作用。

经济日报社原副社长　林跃然

目录

CONTENTS

上篇　前沿探究 /001

下篇　应用实践 /095

附录　媒体报道 /155

后　记 /183

上篇

前沿探究

2019
数字经济大会报告

着力推进工业数字化

工业和信息化部原部长、中国工业经济联合会会长　李毅中

“京津冀大数据产业创新应用论坛”成功举办，我就推动工业数字化智能化转型说几点体会。

发展数字工业要抓好智能制造和工业互联网两个方面

多年来信息技术与实体经济深度融合，首先在服务消费领域取得了巨大成功，同时在工业领域取得了成效、积累了经验。发展数字工业、建设制造强国，智能制造是主攻方向。工业互联网是智能制造必备的使能技术和重要的基础设施。抓好这两个方面，近几年的实践探索主要体现在以下几点：

1. 一是数据的采集、挖掘、整理、计算、传输因互联网成为可能，建设数据库、计算中心等设施并采用相应智能终端进而形成大数据产业。二是运用互联网在企业内将各物理单元相联接，并与传感器、通信控制系统相连，形成人、机、料、法、环一体化的物联网系统。从实际出发，补短板、强弱项、实施智能化技术改造，打造自动化生产线、数字车间、智能工厂，实现精准制造。三是企业通过互联网与供应商、销售商、投资人、合作伙伴，尤其是消费者互联互通，优化企业营商的生态环境。个性化规模定制、网络化协同制造、众包众创研发设计、智能物流、远程维护、全寿命周期服务等应运而生。

发挥龙头骨干企业作用，向行业、区域推广延伸，互联互通。四是互联网作为必需的基础工具，促进了全国乃至全球资源的优化配置，包括信息及时准确地传播，知识和科技的交流交汇，能源、原材料的交易互供等。从而实现了通信、电力、油气、物流等产业的跨国联通。

发展数字工业，各类企业优势互补、共同推进。工业企业适应变革，建立企业互联网，应用数字技术，开展以智能制造为核心、各具行业特点的创新和改造升级，发挥了市场主体作用；生产资料制造企业在已有技术装备的基础上，扩大、丰富数据的采集、分析和应用，由自动化提升为智能化；生活资料制造企业用大数据细分市场、开发产品、创建品牌；电子产品制造企业打造智能生产线，生产智能终端产品，提升制造精度，创出国际品牌。

2. 互联网和信息技术企业发挥优势，总结经验，转而关注并加速与工业、制造业“跨界融合”，助推制造业数字化转型。工业企业建立数据采集、整理系统，向信息技术企业提供数据源；信息技术企业发挥“算法”“算力”和网络的优势，经计算找出规律，提出诊断建议；工业企业再转化为工艺和设备的改进。

3. 数字化解决方案供应商，为制造业特别是中小企业提供服务平台。大致有两种类型，一类是由信息技术企业发展而来的。除 BAT 等超大型互联网企业和三大电信运营商外，较多的是针对某几个行业更具实用性的解决方案提供商。另一类是由制造业企业自身实践提升发展而来的。一些龙头企业将自身数字化转型的成熟样板打造成对外服务的解决方案，为本行业、跨行业服务。两类平台促进了工业互联网的成长壮大。

“数字产业化”是工具，“产业数字化”是目的，工业数字化是重点

现代通信技术（CT）与信息技术（IT）相结合是大数据产业技术

核心。近十年3G、4G通信技术提升了大数据产业的应用水平，催生了新产业新产品，培育了新模式新业态，工业数字化转型升级趋势良好。5G具有大带宽、高速率，低时延、高可靠，密连接、广覆盖的优势。5G的这些特性可以实现众生万物之间最广泛、最有效的连接，将显著提升数据产业的功效。

经过多年努力，我国在5G的专利、标准、频谱许可、网络部署等方面取得了阶段性成功，专利数占全球的30.3%。5G商用先要实现5G的产业化，内容包括5G网络基础设施演进升级，发展5G系统设备和终端设备，加快核心技术关键器件和材料的攻关突破。

大数据产业的应用重点在工业领域。总结4G的应用经验，事实上走出了“先服务消费，后工业制造”的发展路径。5G的商用可能会重复这个规律，如高清视频、智能语音发展新传媒，提升文化娱乐体验；如智能家居更为便捷舒适；如车联网推动智能网联、提升智慧交通；如用于远程医疗、监测监护发展大健康等。服务消费升级和社会治理应用将会率先落地，而工业、制造业、各行业的应用相对更复杂，需要多方协同和较大投入。但加快建设制造强国已成为国家战略和发展经济头等任务，而且3G、4G的应用已有相当基础，有可能加快5G在工业领域的融合应用，要高度重视、加快布局。要制定规划和行动方案，开展重点行业的应用试验。可以在示范城市由运营商、设备制造商、互联网企业和工业应用企业跨界合作、协同开发应用场景，取得经验逐步推广。

目前已有了5G工业应用的探索。首先是5G无限扩大了互联互通，可以使所有的设备、部件等物理单元能连尽连，使发生在生产营运过程中的海量数据能采尽采。如南方电网利用5G网络承载全部配送电业务，实现所有用户数据的实时准确采集，打造“智能电网”，保证输变电的安全可靠。其次是5G提升工业自动化智能化水平，使控制更精准、更迅速，通过远程控制、故障检测，使运行更安全、更可靠。如青岛港在自动化集装箱码头基础上，完成了基于 5G 连接的岸桥吊车的远程无线实时控制操作，成为全球首个 5G 智能码头。再有是 5G 用于超高清视频、精准可靠传输，为质量检测、辅助装配、巡检监控等提供了新手段。如商飞公司利用 5G+8K 视频检测缺陷，利用 5G+AR 进行线缆装备及起落架安装。5G 与工业的深度融合未来会创造更多优质的应用场景。

河北省数字经济应聚焦工业数字化转型

河北省积极发展数字经济已取得明显成效，正在实施《大数据产业创新发展（2018–2020）三年行动计划》（以下称《行动计划》）。显著的特点是充分发展大数据产业，全面规划了各领域数字化的目标任务，地市优化布局特色明显，值得学习借鉴。具体到工业领域，我提几点建议：

1. 加大重点工业行业数字化的力度。河北是工业大省，工业增加值占全国 4.5%，近几年淘汰落后化解过剩调整结构取得显著成效，但仍面临艰巨任务。发展数字经济，重点要提升工业、制造业水平。在发展高技术产业同时，河北省尤其要对钢铁、煤炭、建材、装备制造、石化、医药、食品、纺织等重点行业的转型升级下大功夫，探索实施行业数字化的具体路径，抓好重点项目，提升传统产业进入先进制造。

2. 充分发挥京津冀协同发展、经济一体化的优势。发展数字经济也要分工合作，避免各自为战。要借助、引入北京科研机构、院校的雄厚力量，应用其成果或合作开发、委托开发，借鉴天津同行业的经验和成果，移植或嫁接，助推河北省工业的数字化转型。河北省依托京津优势可以集中力量把重点放在提升本省工业水平上。

3. 对三年行动计划的投入产出做出评估。《行动计划》对本省大数据产业列出了 2020 年服务器运营规模 200 万台、大数据相关业务收入 750 亿元的发展目标。建议能根据三年“数字产业化”“产业数字化”两方面的目标任务，测算需要的总投入，落实到年度固定资产投资和研发投入计划中。同时对由此产生的效益增量做出评估。河北省固定资产投资规模已够大了，投资与 GDP 之比为 97.2%、全国为 70.6%，要调整投资结构，保障数字经济投资。河北省研发投入强度较低不到 1.5%（全国为 2.18%），要加大科技投入，以增加数字经济的研发投入。

关注数字经济背景下的数据权属与安全

全国政协社会和法制委员会副主任，中国友谊促进会理事长
陈智敏

当今世界，新一轮科技和产业革命正在萌发，以互联网、物联网、大数据、云计算、人工智能等为代表的数字技术加速向各领域广泛渗透，与传统产业深度融合。由此带来的新技术、新产业、新业态、新模式层出不穷。特别是数字经济正开启一次重大的时代转型，带动人类社会生产方式的变革、生产关系的再造、经济结构的重组、生活方式的巨变。

面对如此迅猛、广泛、深刻的科技革命，人类社会从理论认知、制度设计、法律法规、伦理道德各方面都没有准备好。

数据是数字经济和信息社会的核心资源，被誉为是“21 世纪的石油和钻石矿”，如同农业社会的“土地”、工业社会的“资本”。数字经济是一种新的经济形态，正在改变社会生产关系，在新的生产关系中，数据无疑是主要的生产资料，数据的权属关系就是生产资料所有制关系的重要内涵。但目前的一个突出问题是，数据的权属问题从理论上没有统一、完整、通行的定义。数据从法律上没有被赋予资产属性，数据的主权、所有权、使用权、管理权、交易权、享有权没有被相关法律充分认同和明确界定，特别是国际社会没有形成共识和通行规则。这个问题对人类社会的安全、发展和前途命运都将产生重大的影响：

一是数据权属问题已经成为关系到国家安全、公共安全、网络安全、个人隐私安全和国际社会安全的重大问题。很多国家已经意识到了这个问题，特别是在“棱镜门”事件后，一些国家纷纷立法要求数据本地化，而在 2018 年，美国快速通过了《澄清域外合法使用数据法案》、欧盟出台了《通用数据保护条例》将数据权属问题延伸到了境外，成为国际社会争论的焦点问题。

二是数据权属问题关系到正在兴起的数字经济是否能健康、安全、可持续发展。生产资料所有制关系是社会生产关系的核心和基础，它决定着人们在社会生产中的相互关系和产品分配形式。数据权属关系作为数字经济最主要的所有制关系，对数字经济的健康、安全、可持续发展有着重大意义和深远影响。在数据形成过程中，需要明确采集权、分析权、储存权、使用权等；在数据与实体经济融合过程中，需要明确所有权、使用权、管理权、享有权、分配权、消费权等；在数字经济活动中，数据资产如何确立价值评估标准，如何进行征税、股权配置、收益分配、市场交易等。这些都要以明确数据权属关系为前提。

三是数据权属关系将直接影响人类社会前途命运。在市场经济时代，由价值规律这只看不见的手调节社会资源配置。可是在数字经济时代，市场中一切参与者的需求、偏好都可以通过数据反映，大数据将成为看得见的手，直接干预、掌控社会资源配置。谁掌握数据，谁就能控制社会、控制世界、控制未来。大数据结合人工智能，将重塑人类社会形态，在这场巨大变革中，如果不从整个人类共同利益和平等、安全出发进行科学的整体设计，合理规划好数据权属在国家、企业、公民、国际社会之间的配置，让数据资源的经济和社会效益普惠所有人群，将可能形成对数据进行垄断、独裁、剥削的数据寡头和数据霸权，集中掌握财富和权力，加剧社会的不公平和不平等，大多数人甚至会被他们无形中控制。

有专家预言，将来社会可能只有三种人，无用的人、没有自主的人和极少数的控制算法的“神人”。还有的学者提出，2% 的人将控制未来，或成为他们，或被淘汰。如果真是这样，社会将被严重撕裂，正常的社会伦理将受到严重冲击，这将导致十分严重的社会后果，其对人类社会的危害可能不亚于两次世界大战，将影响下一代甚至几代人的安全和幸福，我们做好准备了吗？

习近平总书记提出：“网络安全和信息化是相辅相成的。安全是发展的前提，发展是安全的保障，安全和发展要同步推进。”在大力发展数字经济的同时，明确数据权属，依法保护数据安全，是数字经济时代对我们提出的重要课题。

数据作为一种重要资源，在法律上并没有被赋予资产属性。我国相关的法律没有将数据列入公民财产范畴，没有从盗窃罪的角度去解释和认定非法获取数据的行为。同时，关乎国家安全的数据，没有赋予国家主权内涵，用于社会综合治理和服务的大数据应用，没有明确由国家主导掌控，没有明确将大数据视为与国家安全相关的国家秘密或情报。

针对网络数据犯罪的打击，现有法律是从网络技术层面制定相应法律条款，因此相关部门在侦办非法获取数据的犯罪案件中，存在调查难、取证难、处理难的问题。如果赋予数据以资产属性，制定数据的价值评判标准，以盗窃罪侦办相关案件，将有效地解决打击难的问题。

现实中，要给数据赋予资产属性，还面临着许多难关和挑战，要处理好数据资产与传统财产之间的一些矛盾与问题。一是数据资产寄存的网络空间与传统财产所属的现实空间之间的矛盾，二是数据资产的虚拟属性与财产的现实属性之间的矛盾，三是数据资产的可复制性与传统财产的唯一性之间的矛盾，四是数据资产之间关联交织难以分割与传统财产的稳定性和固定性之间的矛盾。

希望有关部门组织有关专家尽快研究数据权属问题，从法律上明确政府、企业、个人在大数据权属关系中的地位和作用，制定既符合国情，又与国际接轨的数据确权法律和制度。为此，我有以下几点建议：

一是通过立法或司法解释明确数据权属关系，为大数据安全奠定法律基础。对关乎国家安全的数据，结合《中华人民共和国国家安全法》《中华人民共和国反间谍法》《中华人民共和国网络安全法》等，明确国家对数据的主权和管辖范围；对关乎公共安全的数据，结合《刑法》《刑诉法》等，明确数据的所有权、使用权、财产权，非法获取数据的行为，视为盗窃罪论处；对关乎个人隐私安全的数据，结合《中华人民共和国民法典》《中华人民共和国物权法》等，明确数据的所有权、使用权、人格权。二是推进大数据安全标准化工作，制定数据分类分级标准，为等级保护制度提供基础。三是完善数据价值评估体系和数据交易制度，为建立安全、平等、合法的数据交易市场和发展大数据产业奠定基础。四是加强国际合作，在保障数据主权的基础上倡导国家之间加强数据资源开发利用，尊重网络主权，反对“数据霸权”，推动建立“共享共治、自有安全”的全球网络新秩序，构建全球治理体系，联合打击跨境网络犯罪，共同设计和平、平等、公正、安全的人类未来，携手构建人类命运共同体。

用“数字化”推动经济高质量发展

中国政策科学研究会常务理事　白津夫

信息革命开启了数字时代，从更深层次上推动经济社会变革。这是一个“数化万物”的时代，一切都在数字化。人们的社会经济活动既不断创造数据，又逐渐在广度和深度上被数据所支配。“数字革命对世界的贡献类似于工业革命时期自动化机器所做的事情”。数字技术在现实领域的大量应用，形成新的数字化场景。通过数字化赋能产业，深度融合线上线下资源，打通供给需求瓶颈，推动商业模式、组织模式和就业模式发生革命性的变化，充分释放数字对经济发展的叠加、倍增、放大作用，推动经济实现高质量发展。

数字化是经济发展的新动能

数字经济已成为高质量发展的动力源，对我国经济增长产生巨大的推动作用。

首先，从对经济增长贡献看，数字经济的引擎作用日益明显，正在对经济增长产生巨大的推动作用。新动能对我国经济增长的贡献率已超过30%。

其次，从经济发展的规模看，前不久发布的《数字经济发展与就业白皮书》显示，2018年，我国数字经济规模已经达到31.3万亿元，占GDP比重34.8%。其中数字产业化规模达到6.4万亿元，占

GDP 比重为 7.1%；产业数字化规模超过 24.9 万亿元，占 GDP 比重 27.6%。

第三，从增长质量看，2017 年起，全球市值最高的 10 家上市公司中，7 家是数字经济体（苹果、谷歌、微软、亚马逊、Facebook、阿里巴巴、腾讯），只有 3 家是传统的跨国公司（伯克希尔哈撒维、强生、埃克森美孚）。截至 2018 年 9 月 5 日，十大数字经济上市公司市值高达 5.4 万亿美元，较年初增加了 20%。十大传统跨国公司的市值仅为 2.9 万亿美元，较年初下降了 2.8%。

第四，从数据对比看，中国已经成为全球第一电子商务大国（2017 年，中国电子商务交易额达 29.2 万亿元，约占全球电子商务零售市场的 40%，是美国的 2.5 倍）、第一移动支付大国（2017 年，中国移动支付市场规模达 99 万亿元，是美国的 60 倍）、第一智慧物流大国（2017 年中国快递物流件达 401 亿件，占全球的 40% 以上，是美国的 2.5 倍）。

第五，从发展趋势看，在未来 10 年，预计人工智能可以推动 GDP 每年增长 1.2 个百分点。在 2030 年，预计人工智能将推动全球经济总量增加 13 万亿美元，贡献堪比蒸汽机等技术。德勤 2017 年报告称，中国平台经济规模将会在 2030 年突破 100 万亿元。

数字化是扩大就业的新引擎

2007–2016 年，数字经济推动新就业年均增长 7.2%，是同期全国就业增长率的 22 倍，对城镇新增就业的贡献超过 70%。

2018 年我国数字经济领域就业岗位为 1.91 亿个，占当年总就业人数的 24.6%，同比增长 11.5%，显著高于同期全国总就业规模增速。例如，阿里巴巴零售带来 1500 万人直接就业，带动间接就业 3000 多万人，腾讯的微信创造就业岗位 2235 万个。

更为重要的是，数字企业带动就业呈现新特点：

一是就业友好特点明显，创造就业大于挤出就业。数字产业发展客观上会对一些传统产业带来生存压力，由此也影响到这类企业的就业，这是不争的事实。同时也应看到，新产业发展创造的就业是一个远大于对传统企业挤出就业量。实践也证明，近年来，尽管经济增速放缓，传统企业新增就业减少。但是全国整体就业超预期增长，每年保持在 1300 万左右，这主要是新经济体贡献的结果。

二是优化就业结构，大量青年群体在数字技术企业就业，这既是活力体现，也是就业结构中的痛点所在。我国是一个人口大国，总体上面临就业压力比较大，其中适龄青年就业压力更为突出，西方有些国家正是在这方面解决得不好，才导致乱象频出。而我国能够保持就业增长、社会稳定，新经济体功不可没。

三是高质量就业，就业收益率比较高，收入相对稳定。从整体看，数字企业就业的人均收入要高于其他服务行业，而且就业环境也相对比较好。

四是关联就业突出，就业链条比较长，延展性强，派生就业明显。例如基于微信的小程序覆盖超过 200 个细分行业，提供超过 1000 亿人次的商业和政务服务，累计创造 5000 亿元的商业价值，拉动就业达 182 万人。

五是智力就业为主，创新性强，知识青年成为就业主力军。特别是高校毕业生成为创新创业的主体。既为社会做出智力贡献，也为社会减轻了就业负担。

六是灵活就业既重新定义就业形态，也挑战组织形式。数字技术降低了信息不对称，促进了供需对接，增加了就业匹配的可能性，促进了按需就业、按兴趣就业、按时间就业。一些技术研发、文化创作类企业和共享经济模式的业态，不受地点、时间约束，也包括不受雇佣关系约束的兼职，完全打破了原有的组织化的就业程式，个性化、平台化成为常态，居家创业、线上开发，习以为常。数字技术赋予各种职业更大的灵活性，新的职业边界逐渐形成。确实需要重新认识就业、重新定义就业。

数字化重塑贸易新格局

在当前全球经贸大变局中，通过贸易数字化可以打破物理空间阻隔，冲破人为设定的障碍，发挥线上线下融合发展优势，有利于拓宽开放领域、重塑贸易格局。

发展数字化贸易。基于数字技术，依托互联网平台，整合线上线下资源，打破区域空间界限，使贸易扩展至全球各地。目前，电商已占全球 12% 的商品和服务。随着电商的快速发展，数字支付也快速发展，2017 年达 143 万亿元，同比增长 44.3%。

促进消费需求增长。通过打通供给与需求，使消费者偏好与产品相匹配，促进网上购物等消费增长。2017 年网上购物等与消费者的交易比上年增加 22%。

优化贸易结构和形态。数字支付给贸易结构带来新变化，除了方便货物贸易，还能为服务贸易提供便利，并促进新服务产业发展。同时，支付创新改变了全球贸易形态，全球有 13 亿人利用电商平台，预计 2020 年，全球跨境电商 B2C 将突破 1 万亿美元。

加快推进数字化进程

数字化大潮势不可当，必将引领新时代、开辟新纪元。这要求我们必须从思想认识上来一场革命，从工业化思维的禁锢中解放出来，通过思维创新深化对数字化的理解。

一、要从工业化思维转变为数字化思维。工业化思维遵循“竞争逻辑”，以个体竞争为原则，追求各自利益最大化，以创造“更多、更快、更经济”产品为目标，奉行产出至上、市场为王。

数字化思维遵循“共生逻辑”，突出互联共享为原则，以客户需求为导向，以“更快、更好、更便宜”为目标，奉行质量第一，效益至上。

二、推动产业数字化。对传统产业进行全方位、全角度、全链条的数字化改造，推动体系重构、流程再造，形成新的数字化场景。

三、推进数字产业化。构建以数据为关键要素的数字经济，培育大数据新产品、新服务、新业态，助力我国经济从高速增长转向高质量发展。

四、建设数字园区。强化平台支撑，线上线下深度融合，实现个性定制、联程设计、协同制造、延伸服务。形成优势互补、特色突出、功能集聚的产业生态圈。

五、打造数字供应链。促进从传统供应链向价值链转型，通过数据业务化、业务数据化，构建线上线下、全流程、一体化的供应链体系。

六、设立数字自贸区。通过电子服务平台，将贸易便利数字化，形成线上线下融合、全流程无缝对接，数据驱动、平台支撑、高效协同响应的经济生态系统。

数字经济呈现资源集聚化、技术集成化、经济集约化态势，不仅形成新增长极，而且对经济发展产生格局化影响，促进形成引领型发展模式。

以新型域名解析架构保障我国数字经济发展

中国互联网络信息中心主任、党委书记　曾宇

党的十八届五中全会提出实施网络强国战略，为新时代推进网络安全和信息化建设明确了前进方向，提供了根本遵循。党的十八大以来，我国网络基础设施能力全面提升，数字经济蓬勃发展，新兴技术突飞猛进，网络惠及百姓生活，网络内容繁荣丰富，网络空间更加清朗，取得了举世瞩目的成就，我们正在朝向网络强国的战略目标奋勇前进。

过去 5 年我国数字经济的发展

过去的 5 年，我国数字经济蓬勃发展，成就非凡，互联网应用驱动数字经济蓬勃发展，我国人口红利在互联网领域尚未完全消化，并推动互联网应用保持高速发展，构建起全新产业生态链，形成平台效应；过去的 5 年，我国数字经济与实体经济深度融合发展，数字经济的发展为“中国制造”转型升级，为“中国智造”带来了新的历史契机，为现代服务业发展提供了强大的动力。

1. 互联网基础环境全面升级

快速便捷的网络环境更加优化，网络覆盖更广。2018 年，我国

固定宽带用户总数达 4.07 亿户，行政村通光纤比例达 96%，贫困村通宽带比例超过 94%；全国移动宽带（3G/4G）用户总数达到 13.1 亿户①。网络速度更快，接入速率在 100M 及其以上的宽带用户占比达到 70.3%，接通光纤的用户规模达到 3.68 亿户，占固定宽带接入用户总数的 90.4%②。网络资费更低，移动流量跨省“漫游”成为历史，三大电信运营商移动流量平均单价降幅均超过一半。国际通信更强，2013 年至 2018 年，我国国际出口带宽数量由 340.7 万 Mbps 增长至 894.7 万 Mbps，复合增长率达 21.3%③；我国光缆线路总长度由 1745 万公里增长至 4358 万公里，复合增长率达 20.1%④，光缆建设保持较快增长态势。

网络基础资源“量增质升”。下一代互联网地址资源平稳过渡，IPv4 地址数量 3.38 亿个，总数全球第二⑤；IPv6 地址数量达到 41079 块 /32，2013 年至 2018 年复合增长率为 19.8%。域名资源达 3792.8 万个，2013 年至 2018 年复合增长率达 15.5%；“.CN”域名总数已突破 2000 万，达 2124.3 万个，位居全球国家和地区顶级域名首位。⑥ 网站总数突破 500 万，2013 年至 2018 年复合增长率为 10.3%⑦。

2. 数字经济成为我国经济发展的重要驱动力

数字经济规模全球领先。我国数字经济占 GDP 比重持续攀升，2018 年达到 34.8%，数字经济规模达到 31.3 万亿元，⑧ 位居全球前

① 数据来源：工业和信息化部《2018 年通信业统计公报》
② 数据来源同上。
③ 数据来源：CNNIC 第 33 次至第 43 次《中国互联网络发展状况统计报告》
④ 数据来源：工业和信息化部 2013 年至 2018 年《通信业统计公报》
⑤ 数据来源：CNNIC 第 33 次至第 43 次《中国互联网络发展状况统计报告》
⑥ 数据来源同上。
⑦ 数据来源同上。
⑧ 数据来源：国家网信办《数字中国建设发展报告（2018 年）》

列，对经济增长的贡献率明显提升。**数字消费成为扩内需新亮点。**2013年至2018年，我国网络购物用户规模从3.02亿增长到6.10亿，年复合增长率15.1%[①]。我国网络零售交易规模连续五年世界第一，移动支付市场全球最大，在全球具有重大影响力。数字消费持续释放居民需求潜力，2018年全国网络零售额突破9万亿元，对社会消费品零售总额增长的贡献率达到45.2%[②]。

数字经济成为就业“稳定器”和“倍增器”。数字经济的快速发展，创造出了更多、更高质量就业机会。2018年我国数字经济领域就业岗位为1.91亿个，占当年总就业人数的24.6%，同比增长11.5%，显著高于同期全国总就业规模增速[③]。

数字贸易成为推动高水平开放的新动能。跨境电子商务等数字化贸易形态发展迅速，对贸易的贡献程度不断上升，这对提升我国在全球数字经济价值链中的地位具有重要意义。2018年通过海关跨境电子商务管理平台零售进出口商品总额达1347.0亿元，增长50.0%，其中出口561.2亿元，增长67.0%；进口785.8亿元，增长39.8%。[④]

3. 网信技术自主创新能力显著增强

过去5年，我国网信技术自主创新能力突飞猛进。当前，全球多项重大技术处于变革前夜，即将进入高速发展期，各类前沿技术的跨界融合塑造全新产业生态，我国网信技术和产业的发展迎来千载难逢的重要机遇。

过去5年，我国5G研究及应用取得突破性进展，5G发展进入全面深入落实阶段。我国5G核心技术研发和标准制定取得突破，多

---

① 数据来源：CNNIC第33次至第43次《中国互联网络发展状况统计报告》

② 数据来源：国家统计局

③ 数据来源：中国信息通信研究院《中国数字经济发展与就业白皮书（2019年）》

④ 数据来源：海关总署 http：//www.gov.cn/xinwen/2019-01/14/content_5357666.htm#allContent

项 5G 技术方案进入国际核心标准规范，推进速度、质量均位居世界前列[①]。此外，政企合力推动 5G 产业稳步发展，5G 芯片流片、试验基站建设、预商用终端产品样机设计等项目均有序开展。2019 年 6 月，工业和信息化部向电信运营商发放 5G 商用牌照，我国正式进入 5G 商用元年。

过去 5 年，我国政府、科研机构、企业等推动量子信息技术进一步发展。通过出台相关鼓励政策、推进基础领域研究、探索商业化应用模式等方式进一步提升了我国在该领域的技术实力。

过去 5 年，我国人工智能在技术和产业应用等方面均实现了快速发展。过去的 5 年，我国人工智能论文数量全球领先，企业数量等多项指标居全球前列。2013 年至 2018 年，全球人工智能领域论文文献产出共 30.5 万篇，其中我国发表论文 7.4 万篇；在全球居前 1% 的人工智能高被引论文中，我国居全球第二；此外，截至 2018 年底，全球共成立人工智能企业 15916 家，我国人工智能企业数量为 3341 家，也位居世界第二位[②]。

4. 互联网企业全球竞争力显著提升

互联网上市企业数量持续增长。2018 年我国境内外互联网上市企业总数 120 家，同比增长 17.6%，其中沪深上市 46 家，美国上市 48 家，香港上市 26 家，总体市值达到 7.89 万亿元人民币[③]。

网信独角兽企业快速发展。我国网信独角兽企业总数 113 家，北京、上海、广东、浙江四地的网信独角兽企业总占比达到 92.1%[④]，形成新业态集聚发展的良好态势。

---

① 数据来源：CNNIC 第 43 次《中国互联网络发展状况统计报告》

② 数据来源：《中国新一代人工智能发展报告 2019》http：//paper.people.com.cn/rmrb/html/2019-05/26/nw.D110000renmrb_20190526_8-01.htm

③ 数据来源：CNNIC 第 33 次至第 43 次《中国互联网络发展状况统计报告》

④ 数据来源同上。

互联网企业全球竞争优势凸显。阿里巴巴、腾讯、蚂蚁金服、百度、小米、滴滴、美团点评、京东、今日头条 9 家公司进入全球最大互联网公司市值前二十强，市值 / 估值共计 14690 亿美元，占前 20 总和的比重为 1/4。我国互联网公司增势强劲，收入持续快速增长，为全球经济发展贡献市场活力和创新能力。

5. 互联网助力全面小康建设

网络扶贫向纵深推进。随着网络覆盖、农村电商、网络扶智、信息服务、网络公益五大网络扶贫工程向纵深发展，农村用网环境持续改善，农村网民数量持续攀升。2013 年到 2018 年，我国农村网民规模由 1.77 亿增长至 2.22 亿，年复合增长率为 6.1%；2013 年至 2018 年，农村地区互联网普及率从 28.1% 增长到 38.4%，提升了 10.3 个百分点①。

互联网满足人民群众对美好生活的期待。过去 5 年，手机应用软件（APP）爆发式增长，截至 2018 年，我国市场上监测到的移动应用程序（APP）在架数量为 449 万款。移动应用和互联网用户的工作、生活息息相关，满足了移动端网民的消费、娱乐、资讯获取、搜索、社交、出行等各类需求，这在一定程度上带动了三四线城市和农村地区人口的使用。商务交易方面，2013 年至 2018 年，网上支付用户规模从 2.60 亿增长到 6.00 亿，年复合增长率 18.2%。2013 年至 2018 年网络购物用户规模从 3.02 亿增长到 6.10 亿，年复合增长率 15.1%。旅游出行方面，2013 年至 2018 年旅行预订用户规模从 1.81 亿增长到 4.10 亿，年复合增长率 17.8%。互联网理财产品因其门槛低、收益高、流动性高的特点，充分激活金融理财长尾市场，迎合大众理财需求，2014 年至 2018 年其用户规模从 7849 万增长到 1.51

---

① 数据来源：CNNIC 第 33 次至第 43 次《中国互联网络发展状况统计报告》

亿，年复合增长率为 17.8%①。

6. 网络内容呈现全面繁荣

网络内容产品走向精品化。2013 年至 2018 年，网络视频用户规模从 4.28 亿增长到 6.12 亿，年复合增长率 7.4%。自制内容迅速发展，短视频呈现爆发增长，2018年短视频用户规模达6.48亿②。网络音乐用户规模 2013 年至 2018 年从 4.53 亿增长到 5.76 亿，年复合增长率为 4.9%，网络音乐与社交、短视频的融合推动 UGC（User Generated Content）音乐内容和展现形式成为行业创新的焦点。网络文学用户规模 2013 年至 2018 年从 2.74 亿增长到 4.32 亿，年复合增长率 9.5%，原创扶持力度加大，行业营收显著增长。网络游戏用户规模 2013 年至 2018 年从 3.38 亿增长到 4.84 亿，年复合增长率 7.4%。我国已超越美国和日本成为全球最大的游戏市场，优质游戏产品国际化水平不断提升。③

7. 互联网安全状况持续改善

信息系统安全水平持续提升。2018 年国家互联网应急中心共监测发现我国境内感染网络病毒终端累计 616 万个，较 2017 年的 2095 万个下降 70.6%；我国境内被篡改网站数量累计 23459 个，较 2017 年的 60684 个下降 61.3%；境内被植入后门网站数量累计 31790 个，较 2017 年的 43928 个下降 27.6%；国家信息安全漏洞共享平台收集整理的信息系统安全漏洞累计 14216 个，较 2017 年的 15981 个减少 11.0%。

网民安全感知状况有所好转。2016 年至 2018 年，我国未遇到网络安全问题的网民比例大幅上升，由 29.5% 提升至 49.2%，2018 年

---

① 数据来源同上。
② 数据来源：CNNIC 第 43 次《中国互联网络发展状况统计报告》
③ 数据来源：CNNIC 第 33 次至第 43 次《中国互联网络发展状况统计报告》

近一半网民没有遇到过网络安全问题。与此同时，网民中遭遇过网上诈骗、个人信息泄露、账号或密码被盗、设备中病毒或木马的比例均在不同程度有所下降。其中，设备中病毒或木马的用户比例下降最为明显，两年来下降 20 余个百分点。

8. 网络空间治理水平不断提升

过去的 5 年，我国网络管理体制机制不断完善，网络立法速度明显加快。2018 年 3 月，中央网络安全和信息化领导小组改为中央网络安全和信息化委员会，进一步加强了党中央对网信工作的集中统一领导，强化决策和统筹协调职责。5 年来，我国持续推动出台互联网领域相关的法律、行政法规、部门规章、司法解释、规范性文件和政策文件等，为加强互联网治理力度，提升治理成效提供了坚实的法律法规依据。例如，2015 年 8 月，网络违法犯罪入刑；2017 年 6 月，《中华人民共和国网络安全法》正式实施；2019 年 1 月，《中华人民共和国电子商务法》正式实施等。这为加强互联网治理力度，提升治理成效提供了坚实的法律法规依据。

互联网治理工作成效明显。近年来，国家有关部门先后开展“净网”“剑网”“清源”“护苗”等系列专项治理行动，大力推进网络空间法治化，规范网络行为，并动员社会各界广泛参与，积聚大众力量共治网络空间，网络环境逐步得到有效净化。

9. 互联网国际交流合作日益深化

网络空间命运共同体主张获得国际社会广泛认同。2014 年7 月，习近平总书记在巴西国会演讲时第一次提出“共同构建和平、安全、开放、合作的网络空间，建立多边、民主、透明的国际互联网治理体系”，得到国际社会广泛认同。2015 年 12 月，习近平总书记在第二届世界互联网大会提出了“四项原则”和“五点主张”，为互联网的全球治理贡献了中国智慧和中国方案。2018 年 4 月，习近平总书记在全国网络安全和信息化工作会议上指出，“既要推动联合国框架内的网络治理，也要更好发挥各类非国家行为体的积极作用”，这些都为全球互联网治理体系变革指明了方向。

“网上丝绸之路”引领合作新潮流。作为“一带一路”建设的优先行动，“网上丝绸之路”合作持续推动共建国家的互联互通。中国—东盟信息港与中国—阿拉伯国家网上丝绸之路率先启动，一批重点基础设施、跨境电商等重点工程相继落地。多边及区域性信息通信技术合作机制持续深化，共建国家信息基础设施互联互通稳步推进。信息通信服务国际合作取得显著进展，许多优势网信企业积极走出国门，将我国的资金、技术、人才等带到“一带一路”共建国家各国，为其提供高质量的信息通信服务和应用产品，有力促进各国经济社会数字化发展。

我国数字经济的发展趋势

1. 网络基础环境将迎来新一轮建设热潮

首先是 5G 网络将全面应用，推动万物互联时代变革。自 20 世纪 80 年代以来，每过十年移动通讯核心技术就会完成一次迭代。与前四代通信技术相比，5G 技术具有传输速度快、容量大、延迟性低等显著优势，为物联网大规模应用奠定了底层技术基础。工信部 2019 年 6 月 6 日正式向中国电信、中国移动、中国联通、中国广电发放 5G 商用牌照，标志着我国 5G 相关产业链已经走向成熟，我国正式进入 5G 商用元年。预期在未来的几年内，我国 5G 业务将率先应用于增强移动宽带（Enhanced Mobile Broadband，eMBB）领域，为音视频、网络游戏等丰富多样的富媒体应用提供超高的传输速率，从而为用户提供多角度、高清晰的沉浸式使用体验。此外，在大规模物联网、工业自动化、远程医疗等领域中，5G 技术也将催生大量创新应用和业态，不断改变社会连接方式、提升全社会资源配置效率，降低整体运营成本，并有力提升相关行业全要素劳动生产率。

其次是 IPv6 部署将全面落地，用户规模显著提升。IP 地址是互联网重要的基础资源。2017 年 11 月中共中央办公厅、国务院办公厅印发的《推进互联网协议第六版（IPv6）规模部署行动计划》提出，我国到 2025 年末，IPv6 网络规模、用户规模、流量规模位居世界第一位，网络、应用、终端全面支持 IPv6，全面完成向下一代互联网的平滑演进升级，形成全球领先的下一代互联网技术产业体系。截至 2018 年 12 月，我国 IPv6 地址数量为 41079 块 /32，年增长率为 75.3%①。预期在未来的 3 至 5 年内，我国将围绕 IPv6 的芯片、操作系统、终端及网络设备、安全系统等一系列关键领域开展核心技术攻关，持续推进互联网应用升级、骨干网 IPv6 互联互通、IPv6 网络国际出入口扩容、数据中心和云服务平台 IPv6 升级等重点工作，鼓励和支持各类商业网站完成 IPv6 升级和应用部署，从而显著提升 IPv6 用户规模。

2. 网信技术自主创新能力将突飞猛进

多项重大技术处于变革前夜，即将进入高速发展期。各类前沿技术助推“互联网 +”蓬勃发展，共同催生形成新的生态系统。基础物理、材料、生物、脑认知等前沿科学技术的不断突破，将有力推动 3D 打印、量子通信、神经网络芯片、人工智能等新兴技术的快速发展，促使网信领域源源不断地创造出新的生产方式、产业形态和商业模式。同时，以大数据、人工智能、全球物联网、云计算为代表的新一代信息技术，正在重构未来计算全新架构，促进创新链与产业链更

---

① 数据来源：CNNIC 第 43 次《中国互联网络发展状况统计报告》

加紧密融合，为我国提供一个前所未有的协同创新机遇期。

3. 互联网应用将驱动数字经济蓬勃发展

我国个人互联网应用仍具备很大发展潜力，在未来将保持良好发展势头，持续驱动数字经济快速发展。一是在互联网领域的人口红利尚未完全消化。截至 2018 年 12 月，我国仍有 5.62 亿未上网人群，有大量银发、低龄、三四线城市及乡镇人口还未接入互联网；二是即时通讯、网络购物、网络新闻、搜索引擎等应用依然保持了较高的使用率，并逐步为网民提供支付、游戏、O2O 等业务入口，以及更加广泛的信息、商务、生活、文娱服务接口，逐步构建起生态链条，形成平台效应；三是网上支付、网上外卖、网上理财等应用类型仍将保持较高的增长速度，为互联网企业贡献较大市场收入。

4. 数字化时代将持续赋能企业组织转型

传统企业向平台化转型，平台企业向生态化演进。随着云计算、大数据、人工智能等新一代信息技术的发展，数字化商业新范式将推动企业组织转型，促使市场竞争从技术竞争、产品竞争及供应链竞争向生态体系竞争转变。一方面，传统企业将加速向平台化转型，实现产业链的有效缩短和信息对接流程的极大简化。另一方面，平台企业正向生态化演进，通过探索跨界融合、重塑组织结构等方式，构建资源集聚、合作共赢的发展大格局。同时，互联网助推企业打破传统组织边界的束缚，以全新的资源运作方式和成果转化方式，搭建跨地域展开、多元主体参与的众包、众创平台，从而形成高度开放、高度协同的产业创新生态圈，激活数字经济创新活力。

5. 数字经济与实体经济将深度融合发展

首先是数字经济的发展为“中国制造”转型升级为“中国智造”带来了新的历史契机。我国数字经济发展的时间虽然不长，却体现出快速增长性和高度创新性。随着实体经济与数字经济深度融合，数字化技术对制造业的重塑程度将不断加深，焕发出十足的增长动力，这对制造业换代升级、提高劳动生产率、构建更大的新兴市场具有重要意义。预期未来 3 至 5 年内，我国数字经济相关战略将深入实施，互联网、大数据、人工智能、机器人等新一代信息技术将进一步赋能先进制造业，持续催生智能工厂、制造网络平台、远程就业协作等新兴业态，创造出基于网络的新型协作组织，造就一大批拥有数字意识和技能的新型劳动者。

其次是数字经济为现代服务业发展提供了强大的动力。新一代信息技术成为驱动传统服务企业数字化转型的重要动力，未来将深刻改变传统行业的商业逻辑和运行方式，目前在部分领域已有所显现。如“新零售”的兴起是以消费者体验为中心，通过运用大数据、人工智能等技术手段，无缝连接用户、商品和服务，实现供应链的数字化，优化了商品生产、流通和销售流程，进而重塑了以线上服务、线下体验和物流配送为一体的生态结构。预期在未来的 3 至 5 年内，互联网与现代服务企业的联盟化趋势将不断加强，线上、线下资源进一步整合；供给端升级将不断加快资源流动速度，从而更加有效地提升供应链效率，实现传统服务业态的转型升级。

6. 数字化手段将进一步提升社会福利水平

依托先进数字技术，社会公共服务将更加便捷化、普惠化、均等化。数字经济的快速发展，将推动衣食住行、教育医疗、就业养老等多个生活场景实现全方位数字化，从而显著提升社会公共资源供给的效率和效益。这是数字经济在提高生产力、促进实体经济转型发展之外的重要着力点。例如，区块链技术将逐渐应用于公民身份验证、公共信息存储与共享等领域，助力公共服务再升级。以多种形式呈现，包含基础学科、职业技能、道德心理等多个领域的数字化公共教育平台，将不断扩大优质教育资源的覆盖范围。基于互联网、由数据驱动、以个体为中心的智慧医疗将通过引入人工智能助手、与智能可穿戴设备有机结合等方式，为社会公众提供更低门槛、更高质量、更为人性化的服务。

7. 数字化实力将重塑国家和地区竞争力

国家及地区之间竞争的重心将由物理资源向数字资源转变。传统城市和国家的发展依赖于资源禀赋优势、区位优势等，而在数字化时代，互联网为连通世界开拓新渠道，基于信息流的网络空间已成为继物理空间、社会空间之后的又一战略要地。随着新兴技术在社会运行管理过程中的加速渗透，海量城市数据将为构建与物理城市相互映射、有机融合的数字孪生城市奠定基础，从而提升城市数字化管理水平和竞争实力。同时，数字经济的快速发展，将推动形成庞大的、一体化的信息流，其显著的溢出效应、渗透扩散效应和马太效应将持续带动技术流、资金流、人才流、物资流不断集聚，以数字化基础建设、数字化消费主体、数字化营商环境等为国家和地区的发展提供全新动力。

8. 社会治理体系的数字化程度将显著提升

首先现实社会与虚拟社会双重治理能力将显著提升。网络虚拟社会具有匿名、开放、自组织等特点，在虚拟社会中暴露的问题往往与现实社会的矛盾重叠交织，形成线上线下相互影响的新型社会公共空间，这对社会治理提出新要求。因此，社会治理模式应结合时代发展特征，注重治理主体、路径的多元化，充分考虑现实社会与虚拟社会的特点与联系，及时高效处理社会热点问题，合理应对人民群众的公共利益诉求。未来，随着我国网络空间相关法律、法规和政策的不断完善，多方协同治理体系持续健全，打击网络违法犯罪活动的各项行动深入推进，相关治理能力将显著提升，治理成效将更加明显。

其次是信息技术将推动构建新一代社会治理体系。未来，我国仍将进一步推进“互联网 + 政务服务”，大量采用新一代信息技术来感知社会态势、畅通信息渠道、辅助科学决策，进一步增强综合服务能力，提升政务服务效能，提高治理能力的现代化水平。在优化事务流程的基础上，将进一步推进开放、共享的政务大数据平台建设，重点提升政务服务的便捷性和政府的综合服务能力，实现跨层级、跨区域、跨行业的数据共享和协同管理，构建精准、高效的新一代社会治理体系。

域名解析系统是我国数字经济发展的重要基石

域名解析系统（Domain Name System，简称 DNS）是互联网重要的基础设施和服务，负责提供主机名到 IP 地址的动态映射，并形成相互映射的分布式数据库，方便人们快捷、高效访问互联网。

按照 G20 杭州峰会上发布的《G20 数字经济发展与合作倡议》的定义，数字经济是指以使用数字化的知识和信息作为关键生产要素、以现代信息网络作为重要载体、以信息通信技术的有效使用作为效率提升和经济结构优化的重要推动力的一系列经济活动。当前，发展数字经济，助推实体经济与传统产业数字化转型成为推动我国经济增长和区域产业结构优化调整的新引擎。由互联网应用催生的数字经济蕴藏着推动我国经济持续高速发展的巨大动能，可以说，推动互联网和各行业的融合创新发展是推动数字经济蓬勃发展的重要举措。域名解析系统作为互联网的重要基础设施，可以说是推动我国数字经济蓬勃发展的重要基石。全球域名解析系统至今已经稳定运行 30 多年，虽然我国拥有庞大的域名市场、众多的权威、递归解析服务设施，但我国在该领域却大而不强。

1. 全球域名解析系统概述

当前，全球域名解析服务系统已经稳定运行 30 多年。经过 30 来年的稳定发展，域名解析系统其名字空间结构、域名分配和解析等过程在全球范围内形成了中心化、分布式层次服务架构，包括全球根及其镜像服务、顶级域名服务、二级及以下权威域名服务、递归域名服务等。截至 2018 年底，全球根服务器及镜像共计 1043 个，日解析量约 1000 亿次，我国从 2003 年开始引入全球根镜像服务器，当前我国部署了 12 个全球根镜像服务器；全球递归解析服务器以及顶级域名、二级及以下域名权威解析服务器总体规模超过千万台套，庞大的设备数量保障了全球域名解析服务的稳定运行，我国部署递归解析服务器数量超过 150 万；截至 2018 年底，全球域名保有量 3.487 亿个，中国域名保有量近 5000 万个，全球第二；我国 .CN 国家域名注册保有量截止到 2018 年年底为 2124.3 万个，位居全球国家和地区顶级域名（Country code top-level domain，ccTLD）首位；当前，全球域名解析系统安全相关技术和标准成熟，组织机构完备，国际互联网工程任务组（The Internet Engineering Task Force，简称 IETF）发布域名领域核心技术标准近 300 篇。全球国家与地区顶级域（ccTLD）数量共计 312 个，通用顶级域名（Generic top-level domain，gTLD）数量共计 1240 个。

2. 互联网面临“根停服”风险

全球域名解析系统的中心和域名解析起点是根解析体系，根解析体系主要由管理维护顶级域名信息的根区数据管理系统和提供解析服务的根服务器系统构成。根区数据管理由互联网名称与数字地址分配机构（Internet Corporation for Assigned Names and Numbers，简称 ICANN）及其所属公共技术标识符（Public Technical Identifiers，PTI）公司负责。ICANN 负责顶级域（Top Level Domain，TLD）注册和授权，美国威瑞信公司负责运维根区数据管理系统。域名根区数据的修改申请经 ICANN 同意后，由威瑞信公司对根区数据进行实际修改，并发布到 12 家根运营机构下的 13 台根服务器及其全球部署的根镜像服务器。全球根服务器系统由分布在美国（1 台主根服务器，9 台辅根服务器）、英国（1 台辅根服务器）、瑞典（1 台辅根服务器）、日本（1 台辅根服务器）的 13 台根服务器及其镜像服务器构成。1984 年，美国南加州大学信息科学研究所建立全球第一台域名根服务器，1999 年，根服务器数量发展到 13 台套，并一直保持到现在。

当前，根区数据管理主要由 ICANN 及其关联公司负责，存在单边管理等问题，使得一个国家面临其国家顶级域名被从根区数据删除而造成网络用户无法访问该顶级域名下网站的风险。13 个全球根服务器及其镜像服务器由 12 家机构负责运行，存在管理封闭的问题，使得一个国家面临被根服务器及其镜像服务器拒绝提供解析服务而造成该国家网络用户无法上网的风险，以上风险简称“根停服风险”，严重威胁网络空间国家主权并危害互联网的开放和平等。具体而言，主要是如下三种风险:（一）根服务器删除国家和地区顶级域名，通过直接在根区文件上删除国家和地区顶级域的域名信息，使得根服务器对所有查询该国家和地区顶级域名的请求均回复“不存在”。（二）根服务器篡改国家和地区顶级域名，通过在根区文件上篡改国家和地区顶级域的域名信息，使得根服务器将所有查询该国家和地区顶级域名的请求劫持到篡改后的服务器。（三）根服务器拒绝提供服务，通过路由劫持或在根（镜像）服务器上设置黑名单等手段，可以使根服务器全面拒绝响应来自特定国家和地区网络用户的查询请求。

与此同时，针对根服务器的安全威胁，特别是针对根服务器的分布式拒绝服务（Distributed Denial of Service，DDoS）威胁也层出不穷，过去的几年，发生多起严重的针对根服务器的 DDoS 攻击，给全球域名解析造成重大影响，如 2002 年 10 月 21 日，全球 13 台 DNS 根服务器遭受了大规模 DDoS 攻击，其中的 9 台根服务器相继不能正常服务；2007 年 2 月 6 日，全球 4 个根服务器受到两波 DDoS 攻击，最终导致 2 个根服务器瘫痪了几个小时。可以看到，上述网络安全攻击行为对全球域名解析系统的安全稳定运行造成重大影响，严重危害网络空间的安全。

3. 俄罗斯“断网”测试的启示

2014 年至 2019 年俄罗斯多次组织“断网”测试，根域名备份系统是其核心内容之一。测试主要是对俄罗斯国内网络的安全性和稳定性进行评估，模拟“关闭”全球互联网服务，并使用俄罗斯备份域名系统支持国内的网络运营。2019 年 4 月俄罗斯又进行了以运营商为主的“断网”测试，以应对可能的“根停服风险”。截至 2018 年年底，我国和俄罗斯在互联网基础资源领域和数字经济领域主要数据对比如下表 1 所示：

表 1　我国和俄罗斯在互联网基础资源领域和数字经济领域主要数据对比（2018）

	中国	俄罗斯
国际出口带宽（Tb/s）	8.9	7.8
网民人数（亿）	8.29	1.026
国家顶级域名数量（万）	2124.3	501.4
全球根服务器镜像数量	10	12
IPv4 地址分配数量（万个）	33892	4581
IPv6 地址分配数量（块 /32）	41079	10000
数字经济占 GDP 的比重	34.8%	5.1%

我国网络基础设施体量更大，出口带宽更高，互联网交换点更多，因此遭受物理断网的风险较俄罗斯更小。但我国数字经济规模更

大，我国数字经济规模是俄罗斯的56.5倍，因此遭受“根停服风险”导致的危害较俄罗斯更严重。“根停服风险”对我国互联网的稳定性以及国民经济影响更加深远。

俄“断网”测试表明，保障网络空间主权已经成为维护国家安全的重要内容之一，但构建在封闭独立体系下的保障体系，与互联网平等开放的基本原则相斥，为此亟须提出一种支持多边多方共治、平等、开放、可兼容、可演进、安全可靠的全新方案。

新型域名解析架构

从体系架构层面设计去中心化、多方参与、平等透明、安全可靠、可监管的新型根区数据管理系统，才能从根本上推动域名解析系统向满足全球互联网“多利益相关方”要求的方向演进。区块链技术去中心化、可追溯、高安全等方面的突出特征为实现去中心化、多方参与、平等透明、安全可靠的新型域名解析架构，保障国家网络空间主权提供了新思路。

当前已有一些基于区块链的去中心化域名解析服务技术，其中具有代表性的包括：Namecoin、Blockstack、以太坊名字服务（Ethereum Name Service，简称 ENS）、Handshake 等，但这些方案从根本上是区块链在域名解析系统领域初步尝试，有些仅致力于解决某个特定顶级域（TLD）下的名字管理问题，因此在体系架构、技术可行性、服务性能及安全监管等方面都有欠缺，无法支撑实际域名解析系统需求和运行。

如何实现无中心化、各方参与、平等开放、用户透明、兼容可演进、高效可扩展、可监管的新型根域名解析架构？在技术可行性上需兼容现有系统，便于实现现有系统向新型架构平滑过渡是区块链域名服务技术真正落地的基本要求；在服务性能上，DNS 系统对域名解析有严格的时间要求，需要高并发并达到毫秒级响应时间，但对域名注册、更新等操作的时延要求相对较低；在安全可监管方面，域名服务系统的可监管性对保障域名安全、维护国家网络空间主权与网络空间秩序具有重要意义。

新型域名解析架构在架构层面设计了共治链域名数据管理和共治根域名解析服务体系。新型域名解析架构无中心化根区域名数据管理通过基于联盟链的共治链实现，共治链节点负责根区域名和顶级域名管理。为提高网络健壮性、降低延迟，采用一种物理共享、逻辑隔离的方式，将各通用顶级域名（gTLD）注册局、国家和地区顶级域名（ccTLD）注册局作为对等节点组成大范围 P2P 网络，通过区分节点权限、网络数据包类型和区块类型等方式对网络中数据进行识别过滤，使系统在区块链层抽象出 gTLD 和 ccTLD 两类分片，各角色参与各自分片的共识过程，互不干扰。共治链通过联盟方式运作，不同于公链，节点是许可加入的，能有效避免来自于公开互联网的攻击。

新型域名解析架构通过共治链上的数据分发节点，将根区数据分发至授权的共治根节点，提供根区域名解析服务。共治根节点同时也可从现有域名解析系统的全球 13 个根解析服务节点获取其他未参与共治链的顶级域名数据，保证与现有域名解析系统的平滑演进。共治根节点可以通过采用镜像部署等方式，应对来自于互联网的传统网络攻击。

新型域名解析架构在管理逻辑和运行机制上完全能兼容和支持当前的域名解析架构和技术。当前的 ICANN、域名注册局、监管机构等职能都可以在共治链上实施，域名的递归和迭代查询解析也完全兼容当前 DNS 及其扩展协议。

新架构实施后，在数据管理方面，由国家域名注册管理机构、通用顶级域名注册管理机构，以及 ICANN 等机构共同组成的共治链实现无中心化、多方共治的根区数据管理。通过多方角色参与保障各方利益，确保对各自的域名数据拥有绝对管理权，并针对当前域名空间不同顶级域（TLD）的业务差异，实现国家和地区顶级域和通用顶级域的分别管理，确保我国对 .CN 等国家域名的绝对控制权。在技术上共治链通过许可区块链的形式实现根区数据的多方共治，通过区块链的共识机制确保数据不可被某一方单方面篡改。在兼容演进方面，新架构兼容当前递归解析服务模式，支持分阶段推进部署，确保新型架构易于实施和广泛部署。在共治链数据未包含所有顶级域（TLD）信息的过渡阶段，共治根通过从现有根服务器同步根区数据生成完整根区数据，保证共治根架构的平滑演进。

结束语

域名解析系统是当前我国数字经济发展的重要基石，基于共治链的共治根解析架构可实现无中心化、各方参与、平等开放、用户透明、兼容可演进、高效可扩展、可监管，该架构在有效支撑国家网络主权理念的同时，能有效兼容当前全球互联网治理多利益相关方的共治格局和当下域名解析体系，是保障我国网络空间主权的可行选择！

壮大数字经济　推动创新发展

国家信息中心副主任　周民

党中央、国务院高度重视数字经济发展。习近平总书记多次强调，要“构建以数据为关键要素的数字经济”“发展数字经济，加快推动数字产业化，依靠信息技术创新驱动，用新动能推动新发展。”李克强总理在2019年政府工作报告中指出：“深化大数据、人工智能等研发应用，培育新一代信息技术等产业集群，壮大数字经济。”这为我国数字经济创新发展指明了方向。

近年来，全国各地纷纷出台数字经济相关发展规划和政策文件，大力推进经济社会数字化转型。河北省在推动数字经济创新发展方面主动作为，取得了显著进展。连续举办国际数字经济博览会和数字经济大会，积极推进京津冀国家大数据综合试验区建设，今天大会举办地京津冀大数据创新应用中心即是试验探索的重要阵地。廊坊润泽信息港作为国家政务外网政务云数据中心的承载地，为数字经济新型基础设施和一体化大数据中心先导探索作出了重要贡献。

当前，我国发展处于重要战略机遇期，经济社会发展处在新旧动能转化的重要关口。河北肩负着京津冀协同发展、雄安新区规划建设、2022年冬奥会筹办等重大任务，具有独特的重大战略叠加优势，以数字经济助推高质量发展，将成为河北加快升级转型、提质增效的重要途径，创新推进京津冀协同发展正面临前所未有的历史性窗口期。具体而言，一是面向大局，牢牢把握京津冀协同发展战略机遇，充分发挥数字经济共享、共赢、创新、赋能的特征，变虹吸效应为协同创新效应，实现新旧动能转化和高质量发展。二是面向未来，按照党中央"高起点规划、高标准建设雄安新区"的工作部署，同步规划建设数字城市，努力打造智能新区，着力打好数字经济的创新牌，努力建设高水平的社会主义现代化城市，将雄安新区建设成为数字经济时代璀璨的明珠。三是面向世界，充分利用承办 2022 年冬奥会的契机，创新运用云计算、大数据、人工智能、虚拟现实等数字经济新技术，让高精尖科技为冬奥会增辉添色，打造河北省面向全球的新名片。

数字经济是新一轮科技革命和产业变革的重要方向。发展数字经济是顺应时代趋势、抢抓发展机遇的重大战略，正在开启一次重大的时代转型。站在新的历史起点上，要深入学习贯彻习近平新时代中国特色社会主义思想和党的十九大精神，深刻把握数字经济演进规律，抓好关键、打牢基础、久久为功，打造数字经济高质量发展和现代化经济体系的新引擎。为此，我们需要：

一是要着力激发数据潜力。数字经济是创新经济，要加快完善高速泛在互联网络、现代化数据中心、公共云计算平台、数据共享交换平台、公共数据开放网站等新型关键平台设施的建设，畅通数据要素流通机制，促进全面实现经济社会的网络通、数据通、业务通，为数字经济长期可持续发展奠定坚实基础。

二是要着力构建诚信体系。数字经济是信用经济，要加快完善社会信用体系和信用中国建设，以全面覆盖、权威有效、奖惩并举的诚信体系为约束，加强信用监管，建立多方参与的数字经济协同治理体系，引导电子商务、共享经济、互联网金融等新模式新业态健康发展。我们看到，近年来我国数字经济发展迅猛的珠三角、长三角地区，其信用综合指数都显著领先于全国平均水平，为其他省区发展数字经济提供了经验参考。

三是要着力优化营商环境。数字经济是人本经济，同传统经济相比，对资源禀赋的依赖度在下降，而对营商环境更加敏感。从国内外的发展经验看，数字经济创新要素和高端人才总是择营商环境而聚的。加大数字经济灵活就业支持力度，不断拓展新的就业空间，营造包容审慎、鼓励创新、公平有序、高效规范、以人为本的一流营商环境，日益成为加快数字产业创新资源集聚、产业集群构建的关键因素。

四是着力推动融合创新。数字经济还是协同经济。实践表明，只有协同才能产生放大、叠加、倍增、叠加的网络效应。发展数字经济，要鼓励形成政产学研用共同参与、优势互补、协同共治、多元发展的创新生态体系。以供给侧结构性改革为主线，以数字产业化和产业数字化为重点，推进互联网、大数据、人工智能和实体经济的融合创新发展。

近年来，按照党中央、国务院决策部署，国家发展改革委等相关主管部门围绕发展数字经济出台了一系列新战略、新政策。国家信息中心紧密围绕国家数字经济发展战略部署开展了系列工作，依托统一的国家电子政务外网构建国家数据共享交换平台、信用中国、国家公共数据开放网站等新型基础设施平台，深入推进政务信息系统整合共享，积极参与研究制定数字经济相关发展战略和政策，在智慧城市建设、大数据分析、数字丝绸之路建设等方面开展了大量的业务。2017年，国家信息中心同雄安新区管委会签署了战略合作协议；2019年，位于廊坊的国家电子政务外网数据中心即将正式投入运营。

下一步，我们愿以国家电子政务外网云数据中心为抓手、以雄安新区建设为创新阵地，充分发挥国家信息中心的平台优势、数据优势、研究优势和专家优势，同河北省相关方面开展更加广泛而深入的协同，支撑服务河北省数字经济创新发展，共同促进京津冀协同发展战略实施。

数字经济背景下的智慧物流

中国科学院微电子研究所党委书记、副所长　戴博伟

智慧物流将成为数字经济背景下的典型发展领域

党的十九大提出要建设网络强国、数字中国、智慧社会，推动互联网、大数据、人工智能和实体经济深度融合，发展数字经济、共享经济，培育新增长点、形成新动能。2018 年 11 月 30 日，国家主席习近平在二十国集团领导人第十三次峰会上发表题为《登高望远，牢牢把握世界经济正确方向》的重要讲话，特别指出："世界经济数字化转型是大势所趋！"报告中指出，"要鼓励创新，促进数字经济和实体经济深度融合"而且"既要立足自身发展，充分发掘创新潜力，也要敞开大门，鼓励新技术、新知识传播，让创新造福更多国家和人民"。目前，从通信、互联网，到建立在相应软硬件基础上的数字经济生态，已经成为我国甚至全世界重要的产业基础设施，成为驱动经济发展的关键引擎。

在现代经济发展模式和竞争格局下，"一带一路"倡议能否实质性推进，很大程度上取决于交通、物流与产业联动的发展能力。而国家加快推进"一带一路"建设，又将增加我国在国际物流大通道和枢纽节点城市上的物流发展机会，为物流企业走出去和物流水平提升带

来新机遇。

数字经济时代的来临与“一带一路”倡议的提出对于我国营造良好的物流环境，依托物流节点来帮助产业高效率、低成本的输出，打造国际物流大通道，实现产业结构调整和区域联动发展提出了新的要求。智慧物流将成为数字经济环境和“一带一路”建设下的典型发展领域，通过智能硬件、物联网、大数据等智慧化技术与手段，提高物流系统分析决策和智能执行的能力，提升整个物流系统的智能化、自动化水平。

智慧物流是信息化发展的必然结果

物流使互通有无得以实现，从过去的茶马古道、丝绸之路，到今天贯通亚欧的“一带一路”，从过去的人力、马帮、驼队到今天的水陆空多种方式运输，时代在变迁，物流方式也在演变。从公元前8000 年开始的农业社会以人力、畜力为动力，以简单的手工农具为设备，靠天和土地吃饭。这个阶段已经出现了最原始的“物流”，过去在打仗的时候，通常是“兵马未动粮草先行”，这里转移“粮草”的行为其实就属于物流活动的范畴，还有“镖局”“马帮”，到后期的“邮局”“邮递员”的出现，他们所做的事情也是物流活动。随着17 世纪末蒸汽动力的诞生，人类进入了工业社会，以大机器的使用和无生命能源的消耗为核心的专业化社会大生产占据了社会经济的主导地位，物流行业也逐渐摆脱纯人工化，向着机械化的方向发展。20世纪后的信息社会，信息成为比物质和能源更为重要的资源，以计算机、微电子和通信技术为主的信息技术革命是社会信息化的动力源泉，现代物流也逐渐向着信息化、自动化的方向转变。如今，随着大数据、人工智能、物联网、移动互联网、边缘计算等多信息领域的快速创新发展，连接古今的物流正向着网络化、智能化、可视化、实时化的方向发展，通过“人、机、物”三元融合实现智慧物流的目标。

数字时代，万物互联，用户全面在线、网络效应广泛扩展。在自动化、信息化和数字化成为可能之后，大数据、人工智能、区块链、边缘计算等技术使得智能化成为产业发展的必然趋势。无论是生产企业、零售企业还是物流等服务企业，都需要适应这一趋势。

智慧物流发展的信息技术基础与应用

中国科学院通过“海网云”（亦有称之为“端管云”）协同发展构建边缘信息网络，实现“人机物”三元智能化融合，这也将为智慧物流的发展奠定信息技术的支撑。

海（端）：终端融合和各类终端的智能感知能力不断增强，终端智能化从个人消费领域向行业应用、企业应用延伸，催生工业 4.0 和互联网 +，物联网技术的成熟与普及将带动终端爆发式增长。

网（管）：互联网、移动互联网和 4G 技术的发展与网络融合推动并加速云计算及终端发展。光通信和 5G 等技术成为宽带继续提速的关键技术。下一代互联网将构建宽带、泛在、智能的管道。天地一体化信息网络将成为重要的信息化基础设施，极大地拓展人类活动空间。

云（云）：云计算技术的落地和发展使得信息服务的重心从终端转向云端，信息技术平台云化。强大的云计算平台支撑大数据业务发展，人工智能技术发展将引发信息技术服务的新变革。

据统计，截至 2016 年末，我国拥有载货汽车 1351.77 万辆，是世界上卡车保有量最大的国家；截至 2017 年年底，我国道路货运业从业人员达 2089 万人，其中货车司机占 87.7%；中国货运总量 76% 是靠公路运输完成的，这个巨额的数字背后是被称为“公路上的游牧民族”的 3000 万卡车司机的默默付出；卡车货运每年运送 330 亿吨货物到你我的身边，服务 4.3 亿个家庭。由此可见，在我国，卡车物流是承接物流骨干网络的主要形式。卡车物流在数字经济的驱动下，亟须实现围绕人、车、路、货、场的要素需求，通过“人机物”三元融合技术实现智慧物流的目标：天地一体，万物互联。

人：卡车司机。为卡车司机提供全方位的信息服务，包括卡车运营状态信息、定位信息、货物信息等，体现以人控制中心的数字系统并构建信息空间系统。

车、路：智能卡车、路径管理。面向未来的公路交通，逐步发展成为具有天地一体化网联驾驶能力的智能型卡车，具备辅助驾驶，应急处理等能力，并实现清洁能源。

货、场：感知货物、信息服务。针对各类生冷、危化品等运输，智能感知货物的状态、定位、信息采集等，给予端到端的数据分析和状态监测，实现全程的安全可控可测可视。

在这些关键核心技术的支撑下，中国科学院也在物流行业开展了实践。

由中国科学院微电子所和中科微至公司联合研发的快递包裹自动分拣系统，相关技术达到国际领先水平，分拣效率可达每小时 7.2 万件，价格仅为国外同类产品的 30%，助力我国物流业从物流快递大国向物流快递装备强国的并行转变。中国科学院计算所和中科晶上公司联合开发了无人驾驶的超级电动拖拉机和国内规模最大的智能农机大数据平台，平台接入北斗星远程控制器数据和拖拉机发动数据，支持对拖拉机控制系统的监测和拖拉机远程健康诊断等功能，国家智能农机产业大数据中心也在建设之中。

5G 的发展将推动物联网快速走向规模应用，数据处理面临着超大规模、移动性、实时性、安全性等诸多挑战，需要新一代的 IOT 数据基础设施与服务。中国科学院信息工程所和声学所团队进行了基于 ID 与场景计算的物联网数据服务研究。为万物及其产生的数据建立标识 ID，这种唯一、可自验证的身份证贯穿数字空间全生命周期；规模可扩展的实时名字解析系统，成为瞬息万变的数字空间不变的锚点，内生支持移动性；基于场景计算的数据组织、传播、汇聚与融合，可以按需提供多源、跨时空、多尺度数据服务。目前，七项核心技术已获 ITU 标准提案立项。

此外，中国科学院团队自主研发了面向重型运输卡车的状态监测芯片，并基于智能网联卡车动力核心控制芯片，提供物流卡车装备智能控制软件，通过网络化的在线数据分析，实现针对不同运输场景的动力精准输出，最大化满足不同道路场景下的能源匹配以达到能源效率最大化的目标。此外，还研发了结合卡车运营状态的智能网联驾驶终端系统，提供大数据分析与服务。

物流产业智能化发展的支撑技术研发

数字时代，万物互联，用户全面在线、网络效应广泛扩展。在自动化、信息化和数字化成为可能之后，大数据、人工智能、区块链等技术使得智能化成为产业发展的必然趋势。无论是生产企业、零售企业还是物流等服务企业，都需要适应这一趋势。中国科学院顺势而为，在物流产业的智能化发展所需的支撑技术研发方面提前布局，为智慧物流的发展储备关键核心技术。

例如，在车路协同的智能交通管理方面，利用物流平台型企业联通商业数据、物流车辆的 GPS 定位数据、区域交通的流量数据等，使用优化算法确定物流最优路径，进行车辆调度与路径规划。从而改变运输组织方式、优化供应链、提高智能路由分单率。进而达到有效降低物流成本和改善物流时效的目的。在智慧物流全供应链管理方面，利用区块链的去中心化、不可伪造、不可更改、去信任、集体维护可靠性等特点，将物流全生命周期在链上进行管理，包括从货物被揽收开始、到快递公司、到海关、到最后派送给收件人等环节。实现产业链协作即时匹配、物流中的商品溯源、物流监控与司机调度、货物全程可跟踪、用户安全与隐私、供应链金融等功能。在物流行业信用体系建设方面，研发 O2O 开放式物流行业价值信用体系知识图谱，通过关联物流行业相关数据、金融行业内部数据、互联网采集数据等多源金融数据，构建金融服务知识图谱。通过金融服务知识图谱智能推理，实现客户分析、潜在客户识别、相似客户挖掘、统一授信分析等客户画像精准定位，为物流行业相关的人、车提供贷款、保险等金融业务的风险识别和服务推荐，实现 O2O 开放式物流行业价值信用体系的深度构建与动态优化。

结束语

目前，物流行业数字化建设正在如火如荼地开展，但是依然存在物流业务数据化程度仍然不高、电子商务的物流在干线、仓储、清关、揽收、配送、签收等作业环节上的数据获取不完整、物流数据分析应用水平也仍需进一步提升等问题。随着大数据、人工智能等技术正在成为引导物流行业发生根本性变革的核心关键，智慧物流的蓝图才刚刚铺开，可以预见未来物流创新将层出不穷，物流产业的智慧化发展将加速我国的数字经济建设进程。

挖掘地理空间大数据服务高质量发展

国家地理空间信息中心副主任　刘晓明

党的十九大报告明确指出，我国经济已进入推进高质量发展的新阶段。我国经济增长新特点日益明显，近年来通过推进实施“宽带中国”“互联网＋”、大数据等国家重大战略，加快传统产业数字化、智能化，做大做强数字经济，为我国经济转型发展提供了新动力，为重塑国家竞争优势创造了新机遇，为提升政府治理能力开辟了新途径，大数据正在成为经济变革、效率变革、动力变革的加速器。

地理空间信息技术成为大数据赋能的重要引擎

大数据是互联网延伸发展，物联网、移动互联及云计算等现代信息技术低成本化驱动的自然产物。信息技术与经济社会的交汇融合引发了数据迅猛增长，大数据正日益改变着全球生产、流通、分配、消费活动，也对经济运行机制、社会生活方式和国家治理能力产生重要影响。大数据是国家基础性战略资源已成为普遍共识，但是地理空间数据作为大数据的基础构成、助力大数据赋能还没有被广泛了解。地理空间数据提升国家数据资源价值、助力大数据赋能主要表现在以下几个方面：

第一，在数据内容融合上，助力大数据赋能实体经济发展。大数据时代的到来，地理空间信息天生具有的空间特性与活动属性，注定会深度卷入这场新技术的大变革中。80% 以上的社会大数据都具有时空信息特征，几乎所有大数据，都需要并且可以与地理时空数据融合。地理空间信息融合大数据，为传统产业转型升级提供技术赋能和数据赋能，带来应用开发的变革，促进社会大数据的商业价值迅速提升，不断孕育新业态和新产业。现在很多新的业态都是靠数据支撑的，当前我们掌握这么多的空间数据和技术，可以产生很多新的服务业态出来，比如当下催生的共享单车、滴滴出行以及更多的商业服务业态。

第二，在数据组织分析方法上，助力大数据赋能精准服务。地理空间信息本身开发利用的价值是可估量的，但是与社会活动大数据的综合复用所产生的价值是无法想象的。地理空间信息及其技术手段与社会大数据结合、赋能大数据，主要是在支撑、承载、表达、挖掘、应用等方面发挥作用，对应着数据采集、数据管理、数据清洗、数据分析以及数据应用各个环节。它使我们能够更加科学、更加有效、更有目的地组织数据、组合数据、转化数据、利用数据，使大数据用于精准服务、智慧服务成为可能，从而使大数据实现增值。比如过去银行选址到底在哪个街区，原来是做街头调查的，现在基于地理空间信息技术，用 GIS 热力图 5 分钟就可以知道要开多少家、开在哪儿。

第三，在数据技术综合运用上，支撑大数据赋能国家治理。国家对地理空间信息的依赖跨越了行业部门、中央与地方政府的层面以及公有、私有投资的层面。国家及区域的社会经济发展是个复杂的巨系统，在社会经济活动数据支持下，以往政府内部业务涉及空间对象管理决策时，往往以非空间化的信息，如表格、文档等为主要形式手段，缺乏空间信息支撑，使得业务对象难以从时空技术视角去发现隐蔽性、苗头性和倾向性问题。地理空间信息技术综合运用，可以使政策制定者和决策者能够将各种基于空间位置的信息结合在一起，更好地了解问题乃至发现在传统手段下难以发现的问题，从而制定可行的解决方案。可以说高质量的地理空间信息服务，对适应把握引领经济发展新常态、推进供给侧结构性改革、建设现代化经济体系、实现国家治理体系和治理能力现代化具有极其重要的意义。

第四，地理空间信息自身越来越呈现海量化大数据发展特征成为大数据赋能的关键。随着国家空间信息基础设施快速发展，天、空、地一体化的对地观测信息急剧增长，地理空间数据成为大数据中增长最快、专业性最强、国家投入最多的部分。社会化时空大数据的飞速发展，地理空间信息的内涵与外延也有了很大的变化，从传统的测绘、遥感以及原来少数强 GIS（地理信息系统）行业发展到今天更大范围、更多领域。地理空间信息自身呈现的大数据特征，为助力实施大数据战略、推动数字中国的建立提供了信息保障。空间数据的深度整合共享是数字中国建立运转的关键之一，在技术上需要实现空间技术与移动通信、物联网、云计算的深度融合，在信息资源上需要高分辨率卫星、多元化多领域空间数据以及社会经济活动大数据的深度融合，在业务协同上需要跨部门综合应用的深度融合。

实行地理空间信息资源的国家统筹集成管理

国家统一部署空间信息基础设施建设，是我国综合国力的集中体现，有力支持保障了国民经济发展和国家安全需要。地理空间信息支撑的基础性、需求普遍性以及国家战略安全性保障的需要决定了其国家统筹集成管理服务至关重要。

一是地理空间信息资源的基础性。地理空间信息是国家基础性战略资源，其应用范围覆盖人类活动和政府治理的各个领域，兼具政务信息与社会信息双重性；关系国家与国防安全，用户认证有特殊要求；采集处理成本高，基础数据由政府专项投资，长期系统性采集与持续积累，大部分集成数据资源需要永久保存。不同于社会活动信息的实时多变性，具有客观本底历史性，往往不可回溯并且难以再生，这些基础特性决定了其国家统筹管理的必要。

二是跨部门共享需求的普遍性。地理空间信息的需求越发具有普遍性，既有来自国家安全、社会管理、公共服务等方面的国家需要，也有来自政务应用的需要，还有在数字经济推动下发展迅猛的大众市场需求。从政务应用需要来看，当前，政务信息应用和服务模式发生重大变革，地理空间信息应用渗透到各个行业和国民经济的各个领域，政府精细化管理倒逼其业务定量化、精准化，必然也需要业务对象内容的空间化，这样的发展对地理空间信息需求迅速增加。尽管这些信息由不同部门和单位生产管理，但却是很多部门开展业务的共性需要，也就是地理数据的生产往往由一些专业部门实现，而地理数据的需求则涉及国民经济的各个部门，这样就导致地理数据生产者与使用者的脱节，部门及社会对地理信息网络共享需求日益扩大。通过地理空间信息库整合形成支持电子政务和社会需求规模化、可持续更新的信息服务能力，对于盘活各地各部门当前“信息孤岛”状态的信息资源，保障国家信息安全，促进部门和地区之间的信息共享，减少各部门重复建设，支撑广泛共性服务，全面降低电子政务和地理空间信息产业发展的成本具有重要的现实意义。

三是促进我国地理空间信息产业的高起点、低成本发展的必然路径。地理空间信息的应用服务也不断催生孕育新业态和新产业。地理空间信息资源是经济社会发展各个领域的公共资源，是相关产业发展的基础，特别需要注意的是高分辨率空间信息和中大比例尺基础地理信息又涉及国家安全。强化地理空间信息整合共享应用，采用先进的技术手段和信息处理技术，形成标准化系列化的信息产品和服务，将在保障信息安全的前提下，不仅基本满足广大企业和社会用户对规模化、高质量的基础性信息资源的需求，也进一步促进提升大数据深度开发利用水平，还通过应用服务带动相关产业的发展，为我国地理空间信息产业的高起点发展创造必要的条件。

加快推进地理空间信息整合共享创新服务发展

自然资源和地理空间基础信息库是国家重要的基础信息库，按照《“十三五”国家政务信息化工程建设规划》中“大平台、大系统、大数据”建设要求，努力打造国家级地理空间信息综合服务平台和全国地理空间信息开发合作平台，建设我国“1+N”模式的国家自然资源和地理空间信息大数据中心。

第一，统筹完善协调机制，加强行业政策指导。研究新时期新形势下地理空间信息创新发展的问题，国家有关部门加大统筹协调力度，“统筹协调我国空间信息基础设施和地理信息系统发展战略、协调国家空间信息基础设施和地理信息系统发展中跨部门、跨地区的信息权益”。加快研究制定促进地理空间信息集成共享和综合利用的指导意见、促进区域层面地理空间信息基础设施建设和资源开发利用的指导意见等相关文件，深化跨部门、跨领域、军民结合的地理空间信息资源整合共享应用。

第二，创新建设国家地理空间信息基础设施和信息资源体系。扩充完善能源、统计、农业、城乡建设、交通、环保等重要领域信息资源，加强地理空间数据与社会经济活动数据的融合，建立物理分散、逻辑集中、资源共享、政企互联的地理空间信息资源大数据。搭建多源复杂时空基础性数据资源的标准化组织与智能化管理云平台，形成国家空间信息基础设施的面向信息共享、需求导向的核心平台，实现从数据汇聚到服务聚合的转变。加强协同开发，提升智能化、自动化应用分析水平，为政府管理、商业活动、社会发展提供精准、智能的预测与判断，提升信息资源共享应用服务的能力。

第三，提升地理空间信息集成开发服务水平。推动国家地理空间信息库要向“服务化、平台化、实时化”的方向发展，坚持以核心技术发展为导向，以多方需求驱动为导向，以行业标杆建设为导向，强化数据资源的更新、再组织，提升互联网数据采集能力，保障数据的鲜活性；提升一体化地理空间信息平台支撑能力；推进典型应用示范，实现自动化、流程化的信息产品生产加工，开展跨部门业务协同综合应用，开拓社会化应用；探索与相关事业企业单位的合作新模式，运用开源新思维，形成新的数据开发应用创新模式。

第四，有序开放数据资源促进地理空间信息产业发展。建立动态更新的公共地理空间信息资源开放目录，释放数据红利，有序推进地理空间信息资源向社会开放共享。推进地理空间信息资源考评和审计制度，实现地理空间信息资源开放的有效监管。支持政企合作，探索跨界融合、协作共赢的应用模式和商业模式，构建政产学研联动、协同发展的地理空间信息产业生态体系，加强产业之间的联动发展，培育经济发展新动能，推动经济转型升级。

第五，推进军民融合深度发展。以地理空间信息库作为军民融合创新示范载体，以卫星遥感数据军民整合共享为突破口，盘活用好存量资源，统筹优化配置增量资源。在切实保障数据安全的基础上，扩充军民对地观测数据共享交换范围，拓展军民融合发展新空间。

5G 推动经济高质量发展

河北省通信管理局党组书记 局长　周景耀

5G 是什么

众所周知，5G 是新一代移动通信技术。它不仅推动移动通信迈入超大带宽、超强连接、超低时延的新时代，更将与经济社会各领域深度融合，成为经济转型升级和持续增长的新引擎。5G 与人工智能、大数据、云计算、物联网、虚拟（增强）现实等智能技术的协同创新与融合应用，将真正开启万物互联和智能化的新时代，全面助力智能经济形成，支撑智慧社会发展，改变我们的生活方式。

从广义方面来看，5G 是一种无线通信技术。有线技术解决了长距离、大容量的信号传输，无线技术解决了短距离、多场景的信号接入。过去的通信技术重点在解决个人用户应用（2C）的问题，而 5G 重点解决企业对行业提供应用（2B）的问题。5G 的应用范围将极大地扩展，预计将有 20% 用于人和人之间的通信，80% 用于物和物之间的通信。应用上，5G 是一种移动或固定的无线通信技术。5G 加速实现“万物互联”，促进各行各业之间融合渗透。演进上，5G 是具有划时代、里程碑意义的无线通信技术。因为，其技术水平和通信能力在逐代演进的基础上，集中体现在高速率、大链接、低时延 3 个方面。而这个“质”的飞跃造就了 5G 备受关注的地位。

发展 5G 的重要意义

5G 技术通过全面提升“网络化”“数字化”“智能化”水平，进一步解放生产力、改善生产关系，深入推进质量变革、效率变革、动力变革，为助力数字经济发展、建设网络强国和制造强国提供动能。

1. 5G 有效激发产业创造力，助力数字经济发展

数字经济的重要内容是“数字产业化”和“产业数字化”。数字产业化是手段，产业数字化是目的。习近平总书记在致信首届中国国际智能产业博览会中提出“加快推进数字产业化、产业数字化”重要方略，指出了发展数字经济的方向和路径。

一是推动数字产业化。把“产业”进行“数字化”改造。将“数字化”的知识和信息转化为生产要素，通过技术和管理创新催生新业态新模式，最终形成数字产业链和产业集群。“互联网 +”是典型的“数字产业化”，以互联网企业为主导，把互联网作为主体和引擎，让已有的数据流动起来。互联网是知识、是技术，大数据是资源，用互联网技术和大数据进行改造，形成互联网产业、大数据产业。如：互联网 + 金融、互联网 + 医疗、互联网 + 教育等。

二是推动产业数字化。对“产业”进行“数字化”改造。将数字和传统产业结合，推动产业供给侧和需求侧决策、分析、运营、控制等全过程全要素的数字化改造。“+ 互联网”是产业数字化的体现。以既有业务为基础，借助互联网手段把传统行业线下业务做到线上，并将互联网技术融合到产品的生产、管理、销售、服务等环节中。如：工业互联网就是以工业企业为主导，通过智能机器间的连接将人机连接，结合软件和大数据分析，重构全球工业、激发生产力。

2. 5G 有效提升网络化发展水平，助力网络强国建设

一是 5G 带动技术创新。建设网络强国，掌握核心技术是关键。

我国牵头制定了 5G 的体系架构、空口技术、核心网络等方面的标准。多项关键技术被采纳为国际核心标准，标志着科研创新技术迈上新台阶。二是 5G 促进网络能力提升。提供光纤般的接入速率，“零”时延使用体验，千亿设备连接能力，超高流量密度、连接数密度和移动性等多场景一致服务，超百倍能效提升和超百倍比特成本降低，实现“信息随心至，万物触手及”。三是 5G 提高网络应用水平。增强移动宽带，解决高清交互类应用，如超高清视频、VR/AR 等；海量机器类通信，具备传感和遥测类能力，如智能家居、个人 AI 设备等；超高可靠、低时延通信，实现各种无人操作自动控制，如自动驾驶、远程医疗等。四是 5G 促进网络信息安全。5G 安全防护架构更先进，增加了非 3GPP 接入、切片和虚拟网元的安全、网络开放接口安全和安全管理等安全实体；5G 网络安全行业专网建设，可以定制和优化差异化的安全能力；5G 可以提供面向垂直行业的安全服务；5G 环境下的终端也更加安全。

3. 5G 加快提升智能化发展水平，助力制造强国建设

制造业是国民经济的主体，是立国之本、兴国之器、强国之基。国务院明确把“推进信息化和工业化深度融合”确定为“中国制造 2025”9 项任务之一，而 5G 将会对“两化融合”起到重要的助推作用。

一是 5G 助推智能制造。5G 为智能制造的基础、方向、市场等方面提供高速、大容量的技术支撑。通过 5G 网络技术，3D 打印、工业机器人等项目将更有条件得以推进。二是“5G+ 智能制造”提供发展机遇。5G 加速制造业与数字经济深度融合。5G 产业本身是智能制造的一部分，富有广阔的发展空间，为推动经济和社会发展增加动能。三是 5G 增强市场信息反应速度。5G 信息的传输速率和容量空前提升。5G 铺设的信息高速公路可在各行业更好地发挥连通作用。

在 5G 信息平台支持下，制造业可更快速地对不断变化的市场信息做出反应。

发展 5G 的路径是什么

大家都希望 5G 到来，那么我们怎么迎接 5G？怎么发展 5G？从行业管理角度来看，要在规划、建设、应用、管理四个环节推进 5G 发展。

一是要多规合一、同步规划、同步建设、同步验收。5G 不仅仅只是属于哪个行业、哪个领域，它应该属于社会、城市和人民。网络是城市的一部分，网络服务是城市公共服务的重要组成部分，建设智慧城市、智能城市，网络服务不可或缺。基于这个原理，5G 发展的规划要多规格、同步走，典型的案例就是雄安新区。作为示范城市、千年之城，雄安的建设中，5G 设施不是孤立地分布，而是与城市所有的设施尽量同步匹配，充分体现“数字城”这一属性。

二是要共建共享、多向开放。遵循“能共享不新建、能共建不独建”的原则，积极推进资源共享、通信基站与社会资源共享融合、全社会共享新兴信息基础设施，杜绝重复建设，提高共享水平，减投资、降成本、提效率，广泛共用社会资源，构建 5G、物联网为核心的智慧城市，建造“大资源、大平台、大共享”，实现社会利益最大化。

三是要面向社会生产、面向城市管理、面向智能控制。有效应用是 5G 发展的原动力、生命线，没有应用就没有效益。5G 应用要满足个人和家庭的需求，更要面向社会生产、城市管理、智能控制，在更多的垂直领域开展基于大数据、移动人工智能的产品创新、生产方式创新和服务模式创新，在具备实施工业互联网产业基础的领域进行突破，如精密机械装备、重型工程机械制造、船舶制造、汽车制造等领域。

四是要完善标准体系、保障网络安全。由于应用场景的多样化，5G 时代的网络攻击可能更为活跃，5G 涉及的海量数据也可能带来更多个人隐私泄露的风险隐患。需要进一步完善 5G 网络信息安全技术体系、标准体系、认证体系，健全相关法律法规和安全监管规范，加强个人隐私数据保护，为提高网络安全性提供强有力的保障。同时，5G 承载的智能技术应用催生一系列新业态新模式，有些可能存在与现行的政策、法律规范不相适应的地方，需要加强政策和制度创新，为融合应用创造良好的外部环境。

拥抱 5G，多方共同打造 5G 良好生态

5G 需要良好的外部科学支撑。就像可以高速行驶的汽车，需要优质的高速交通秩序，需要优秀的驾驶员，需要科学的交通规则，更重要的是在 5G 车上装载什么？发展 5G 的成效取决于技术本身的能力和水平，更取决于我们对 5G 的应用需求、质量标准和管理创新，后者比前者更重要。我们要共同努力，为 5G 的发展创造条件、营造环境、共同打造良好的 5G 生态。

政府发挥职能引领作用。一是加强组织协调，争取资源开放优先落地。二是创新扶持方式，加大资金投入力度，强化专项资金导向作用。三是改革监管政策，争取国家在市场准入、行业监管方面的先行先试实施，率先营造领先的创新创业制度环境。四是打破应用壁垒，加快研究制定相关的安全管理法规，奠定新技术应用的法律基础。五是强化国内外合作交流，举办具有国际影响力的赛事活动，引入国际性的前沿技术研究机构，协同共建未来网络研发机构，提升 5G 产业影响力和话语权。

企业发挥创新驱动作用。基础电信企业要做好 5G 网络部署的规

划，明确发展方向，着力打造支撑 5G 三大应用场景的高品质网络，建设支撑经济社会转型发展的关键信息基础设施。上下游企业要进一步加大研发和试验力度，加快产业成熟，特别要在应用上下大力气，深入挖掘能够快速部署、充分体现 5G 能力的典型应用，助力 5G 成功商用。其他行业要充分发挥自身优势，主动对接地方发展需求，在技术、资金、政策等方面形成合力，使 5G 技术能够更好地服务各地经济社会发展。

社会发挥效应联动作用。大力宣传和推广 5G，让用户了解 5G 具备的能力和为生产生活带来的变化，引导用户把 5G 用起来，充分运用 5G 能力解决生产生活中的具体问题。同时，要发动全社会的力量在 5G 网络基础之上开展创新。特别是那些具备综合应用 5G 等新一代信息技术基础能力的企业，要加速转型升级，加快 5G 商用进程。

5G 自身在不断完善，5G 的作用未知远大于已知。5G，没有最好，只有更好！

我们要高度重视、密切关注。坚持以习近平新时代中国特色社会主义思想为指导，贯彻落实工业和信息化部、省委省政府决策部署，深入推进 5G 与经济社会各领域深度融合，充分发挥 5G 基础支撑、创新驱动、融合引领作用，为促进经济高质量发展、构建智慧社会、发展新时代做出积极贡献。

我们要结合实际、不断创新。推动融合应用，服务经济社会发展，推进 5G 在工业互联网、智能制造、智慧交通、智慧医疗等领域的应用，加快 5G 在教育、医疗、康养等公共服务领域的融合，增强人民群众的获得感。

我们要借鉴交流、融合发展。深化国内外合作，打造开放产业生态，秉承开放合作、互利共赢的原则，深化技术、标准、频率、产业、应用等多层面交流，共同打造开放共赢的 5G 产业生态。

让我们共同携起手来，为 5G 的发展创造条件、营造环境，实现促进经济高质量发展的目的。让我们期待更多、期待未来，以更加包容的心态、更加积极有力的作为、更加创新协同的环境一起拥抱5G！

推进“超大云智雾”深度融合

国家超级计算天津中心主任　刘光明

超大云智雾包含五大部分内容，“超”为超级计算，用于科学计算，以及超级算力，用以支持人工智能研究；“大”为大数据；“云”为云计算、云存储和云服务；“智”为人工智能；“雾”为物联网、雾计算、边缘计算和移动互联网。这五大部分是当前信息技术的主要应用领域，相互之间既相对独立，又相互交叉渗透，相互依存。所以，将信息技术领域的五大技术进行融合，甚至是深度融合，便会产生更大的作用和效益。信息技术和应用的技术基础是数字技术，它们所带来的经济类型为数字经济。

数字技术是电子信息技术，它是把发生在自然界的声音和图像，人们活动产生的声音、图像和文字，以及人们从事科学研究和思考的想法、事物之间的关系等等，通过数字方式进行表示、存储和处理。数字技术具有如下主要技术特性：采用二进制的数字表示方式用以表示数字和符号（如英文字母和各种标点符号），可以表示文字、表格和数字关系；对具有连续特性的图像和语音等进行离散化处理，将每一个离散点上的物理量采用数值方法进行表示；采用电路技术中的导通和截止两种比较简单的方式表示二进制数字，实现二进制数据的存储、运算处理和传输，二进制电路工作稳定，易于实现等等。数字技术从理论研究转向实际应用，具有里程碑意义的事件是 1946 年 2

月，取名为 ENIAC 的世界第一台电子管电子计算机在美国宾夕法尼亚大学的诞生，它开创了数字技术全面应用的新纪元。

数字技术与数字经济

在人类社会的发展进程中，出现了各种各样的经济形态，它们都与当时的技术水平相关，例如我们已经经历了原始经济、农业经济、工业经济，现在正处于数字经济。数字经济的技术基础是数字技术和信息化。信息化是由计算机与互联网等生产工具的革命所引起的工业经济转向信息经济的一种社会经济过程，它包括：信息技术的产业化、传统产业的信息化、基础设施的信息化和生活方式的信息化等。根据我国的国情，我国在信息技术的应用推广中提出了两化融合的指导思想，即信息产业化与产业信息化，它包括信息的生产和应用两大方面，其中，信息生产包括高新信息技术及产业，既涉及微电子、通信器材和设施、计算机软硬件、网络设备等，又涉及信息和数据的采集、处理、存储等领域。其他应用领域包括用信息技术改造和提升农业、工业、服务业等传统产业。数字技术的作用带来了整个经济环境和经济活动的根本变化。数字经济主要研究依赖数字技术的生产、分销和销售环节。数字经济的商业模式是创建了一个企业和消费者双赢的环境。数字经济的效果是信息和商务活动都数字化的全新社会政治和经济系统。

在数字经济的发展过程中，有下述三个法则和定律揭示出了它自身发展的内在规律性，它们分别是：

梅特卡夫法则：网络的价值等于其节点数的平方。所以，网络上联网的电脑越多，每台电脑的价值就越大，“增值”以指数关系增长。这就是网络规模红利。在我国，上网人数为数亿，因此，我国的数字经济市场是巨大的。

摩尔定律：计算机硅芯片的处理能力每 18 个月就翻一番，而价格以减半数下降。该定律表明，服务于数字经济的基础设施，如超级计算机、超级算力（AI）、云计算、大数据服务平台等等，它们的性能会不断提高，价格会不断下降，也就是说，性价比会不断提高。尽管学术界和工业界都在认为摩尔定律正在失效，但是，类似 CPU 芯片的性价比不断提升的趋势是没有改变的。

达维多定律：进入市场的第一代产品能够自动获得 50% 的市场份额。所以，任何企业要想在数字市场上占有一席之地，就得勇于创新，敢为人先，做第一个勇于吃螃蟹的人，不要寄希望坐享其成、做山寨。

数字技术和数字经济的主要特性

一是泛在性、高参与度。数字经济的基础是互联网，实际上，它现在是全球互联网，原理上讲，我们个人的电脑或者手机，通过上网，就能与连接在网上的任何一台电脑（不管该电脑是在地球的哪个遥远的位置），进行信息交流和商务活动。

二是高渗透性。除了从信息技术衍生出来的信息产品，如电脑、手机、电视机等之外，信息技术与传统的产业，如机械、化工、钢铁、交通等，进行深入合作，衍生出众多机电自动化的产品和系统。我国的工业和信息化部，主要工作之一是工业化和信息化融合，简称两化融合。信息技术的高渗透性对社会发展的影响日益深刻。

三是速度型经济。信息产品日新月异，每年手机公司推出的新款手机应接不暇，一家公司新的产品推出的速度，往往决定了该公司在该类产品上的市场占有率，决定了该公司的生存和发展。

四是惯性。强者更强，弱者更弱。一旦一家公司占据了某一市场，后来者几乎没有机会翻盘。例如，腾讯的微信，要想颠覆它现在是很困难的。

五是边际效益递增性。边际成本递减，这是由于软件类或者被称为数字化的信息产品，如操作系统、数据库、工具软件、音乐和影视作品等等，都是以版权的形式发行，过去是以类似复制 CD 形式实现交付，现在直接在网上发行和交付，所以边际成本递减。一个产品，如微软的 Windows 软件，垄断了全世界的电脑，它的一个 CD 拷贝的成本几乎可以忽略不计。正是这些特性，才有了像微软这样的巨无霸公司。

六是可持续性。由于信息产业依赖的有形资源（如土地）不多，电能消耗适度，与石油化工钢铁等传统产业相比，它低环境污染，少生态恶化，所以是一个可持续发展的产业。

七是直接性。现在出现的 BtoC（Business to Customer）和 BtoB（Business to Business）等商业模式，取消了中间商，降低了交易成本，提高经济效益，促进了信息产业和以信息服务平台为基础的其他产业的快速发展。

在信息技术的发展历程中，如下事件具有里程碑的重大意义。

1946 年，世界上第一台电子管电子计算机 ENIAC 诞生。1948 年，肖克莱、巴丁和布拉坦发明了晶体三极管，代替电子管。1959 年，基尔比和诺伊斯发明了集成电路，微电子技术诞生。1969 年，美国的阿帕网（ARPA）诞生，开启了国际互联网时代。1971 年，高锟发明光纤理论，世界首条一公里光纤问世，为高速互联网打下了坚实的技术基础。

在信息技术的发展过程中，有基础性的信息系统和延伸的信息系统，只有抓住了基础性的信息系统具有的核心技术，才能发展延伸的信息系统，才能掌握信息技术的主动权。基础性的信息系统和技术主要包括:（1）超级计算机系统，它使用最先进的信息技术，在硬件方面，包括 CPU、内存、通信、存储、电路板、散热、供电等，在软件方面，包括操作系统、编译系统、并行软件、分布并行存储管理软件、应用软件等；（2）云计算系统，它使用通用技术和部件，具有普适性。延伸性的信息系统是以超级计算机系统和云计算系统为基础，延伸产生的、面向应用的信息系统，主要有如下几类：（1）大数据系统，它由云计算、海量存储、数据处理方法等构成；（2）人工智能系统，它基于超级计算、增强型 AI 超级算力、云计算、算法等构成；（3）物联网系统，它采用移动互联网、云计算、人工智能等的技术构成。

五大信息系统的基本组成和主要作用

1. 超：超级计算机系统

超级计算机系统可以包含：基本型的超级计算机系统，它主要用于科学计算；增强型的超级计算机系统，它是基本型的扩展，通常称为超级算力，主要用于人工智能。由于在人工智能研究中，对数据表示的精度要求不高，计算的复杂度低于通常的科学计算（例如，解算非常复杂的方程组），所以，可以采用短字长的专用处理单元，这样可简化此类超级算力系统的构成。

超级计算机是计算机中运算速度最快、互联通信速度最快、存储速度最快的一类计算机，多用于国家高科技领域和尖端技术研究，是一个国家科研实力的体现，它对国家安全，经济和社会发展具有举足轻重的意义。1946 年 2 月 14 日，世界上第一台电子管电子计算机 ENIAC 在美国宾夕法尼亚大学问世，它的用途是计算炮弹的弹道，使用了 17840 支电子管，功耗 170kW，运算速度是 5000 次 / 秒。ENIAC 的问世具有划时代的意义，它标志着电子计算机时代的到来，这就是第一代电子管计算机；第二代是晶体管计算机（1958—1964 年）；第三代是集成电路计算机（1964—1970 年）；现在是第四代大规模集成电路计算机（1970 年至今），最主要的技术特征是使用高性能 CPU。

超级计算机主要由三大子系统组成，具体为：（1）计算子系统，它由高性能 CPU、高速大容量存储器和高速互连接口控制器组成；（2）通信子系统，它由高速互联通信控制、高速互连系统网络和互联通信接口组成；（3）存储子系统，它由高可靠超大容量磁盘、存储服务器、互连接口等组成。软件包括操作系统、编译系统、并行优化软件、并行存储软件等。在硬件部件上，它是使用性能最高的 CPU、速度最快的互联通信控制器、最快最大容量的存储器、磁盘和 SSD 等部件，构建规模最大的计算机系统。所以，超级计算机无论是在硬件还是软件上，均是当时最高技术水平的。掌握了超级计算机的研制和实现技术就等于占领了信息技术的制高点，抓住了牛鼻子。

我国从 1978 年开始，由国防科技大学研制“银河 –1”超级计算机，历时五年完成研制。“银河 –1”超级计算机的研制成功标志着我国迈入了可自主研究超级计算机的世界强国的行列。从那以后，国防科技大学平均每隔 5 年研制一代超级计算机，现在已经是第八代了。一个国家，一个团队，数十年做一件事，是完全能够达到世界先进或者领先水平的。由国防科技大学研制完成的天河一号超级计算机于 2010 年 11 月在国际上与国外的超级计算机按照相同的评测标准，一比高下，最终获得世界高性能计算 TOP500 第一名，震惊了世界。随后，天河二号、太湖之光超级计算机先后累计获得了 11 次世界第一。

国家花费巨资研制超级计算机，它有何重要作用呢？超级计算机的重要作用就是为国家科技创新服务，提升国家的科技竞争力，简要地说，它的重要作用是“算天，算地，算人”。

算天，是研制大飞机、航天器和航空发动机；进行气象预报、气候模拟分析和雾霾预警预报；研究宇宙演化；研究航空和航天飞行器的空气动力学特性，使得飞行器飞得快、省燃料、更安全。

算地，是进行石油地震勘探数据处理，分析地下油藏；分析卫星遥感数据、地震对城市建筑的影响和海洋变化等。

算人，是研究生命科学、生物医药；解读生命奥秘、谱写生命华章，开展基因技术研究，进行基因分析，临床诊断、个性化诊治，新药研发；研究人脑机理，探索人脑在信息存储和处理方面的奥秘等。

除了上述三大部分外，还有基础研究，主要领域包括天文、脑科学、材料基因组学、可控核聚变、玻璃地球，等等。

超级计算已经形成一个漏斗效应，具有创新研究的工作或多或少都需要超级计算机进行计算分析工作。

2. 大：大数据研发和应用平台

在自然界、人类活动和生产过程中，每时每刻都产生着大量数据，这些数据包含了这些活动中各个因素之间的复杂关系，揭示这些复杂关系，清晰地了解事物发展的趋势，提高工作效率，提供新的服务内容，可以获得更好的社会和经济收益，这就是开展大数据分析的价值所在。大数据分析和应用涵盖的领域越来越广，它包括了农业、电力、水务、金融、矿产、军事、消防、环境、遥感、医疗、建筑、运输、公共安全、工业自动化、供应链、商业、消费、能源、气象，等等。

大数据处理平台是依据云平台和超级计算机平台的关键技术构成的，在硬件上，它主要包括数据的收集、传输、存储、处理和展示。它与云计算最大的差异是在处理软件和处理流程上。大数据的基本处理流程主要包括如下部分：（1）采集和存储。它利用定制化存储设备（SQL 和 NoSQL）来接收发自客户端（Web、APP 或者传感器等）的数据，有的也采用传统的关系型数据库，如 MySQL 和 Oracle 等来存储每一笔事务数据。对于图像、语音等，多使用 Redis、MongoDB 等 NoSQL 数据库。这方面的难点是高并发数、负载均衡和分片等；

（2）导入/预处理。在对海量数据进行有效分析之前，需要完成数据清洗和预处理，主要原因是被采集的数据中包含一些漏采、重复采、错误反馈等数据。处理方式为采用线性插值、标度转换、滤波、去重等方法，为后续统计、特征处理提供数据基础，面临的难点和挑战是数据量大，对于实时处理就需要考虑性能；（3）统计/分析。采用分布式数据库或分布式计算集群系统，通过分布式处理方法对海量数据进行统计分析，进行特征选择。采用的处理工具有 GreenPlum、Exadata、Infobright 等，批处理统计需求可以使用 Hadoop 等。面临的难点和挑战为分析涉及的数据量大，对系统资源，特别是 I/O 会有极大的占用；（4）挖掘。它以特征选择为指导，以预测指导为目的，常用算法有聚类、回归、分类、深度学习、强化学习等。面临的难点和挑战为挖掘算法复杂，计算涉及的数据量和计算量都很大，要研究高效的分布并行方法；（5）可视化分析。将结果形象化地展示给数据分析专家或普通用户，相比较文字、表格，它更直观简单。展示并非越炫越好，重点在精确表达，数据多源，实时性要求高、数据质量要求高；（6）数据挖掘算法。可视化是给人看的，数据挖掘就是给机器看的，常用算法有分类（决策树、支持向量机、贝叶斯分类等）、聚类（K-MEANS、层次法）、关联（GSP）、预测（回归、时间序列）等大类。应用有用户数预测、订单预测、客户细分、市场细分、信用分析、欺诈预警等；（7）预测性分析。数据挖掘可以让分析员更好地理解数据，而预测性分析可以让分析员根据可视化分析和数据挖掘的结果做出一些预测性的判断。应用场景有：商品销售可以通过产品种类、位置、关联性等属性，指导产品合理摆放，方便购买；产品质量预测，通过产地、气候、工艺等大量数据，预测产品质量；（8）语义引擎。我们知道由于非结构化数据的多样性带来了数据分析新的挑战，我们需要一系列的工具去解析、提取和分析数据。语义引擎需要被设计成能够从“文档”中智能提取信息。

大数据应用举例：

炼钢高炉大数据运营分析与评估。它是基于物联网下大数据分析系统。高炉的现状是海量数据无法有效利用，高炉认知体系不统一，数据分析与决策利用程度低，仿真建模计算环境不完善。希望通过大数据分析实现高炉大数据运营评估体系，提高高炉的冶炼效率。

消防火灾隐患评估。它是城市消防业务发展的趋势。通过数据分析和物联网等技术，将消防工作重心从灭火转移至防火。城市区域防火面临的挑战为人口密度不断增加、建筑物结构复杂、人员不安全行为频发、外界不安全因素复杂。

港口大数据分析。提供对进出港口的海运船舶和货运车辆进行分析管理，对资金流、通关、检疫、基础设施等进行管理，可以提高港口货物的吞吐率。

电子政务大数据。通过分析电子政务系统中收集的社会发展和企业运行管理数据，掌握各种资源的需求情况和市场发展情况，动态调整产业上下游的产品配套，加快经济发展。

另外还有医疗、交通、金融、商业决策等众多大数据的应用。

3. 云：云计算系统的构成和技术特性

当前，云计算已经获得了非常广泛的应用。十年前，人们追求的目标是让云计算和云服务成为类似于城市自来水和市电的公共资源，现在看来，这个目标基本实现了。现在，政府、企业、个人已经习惯于在网上（实际就是云计算平台）找存储、计算处理和软件服务的资源了。在云计算的发展历程中有两个最为重要的里程碑事件。1983年，太阳电脑公司（Sun Microsystems）提出“网络是电脑”（“The Network is the Computer”）的观点；2006年3月，亚马逊公司（Amazon）推出弹性计算云（Elastic Compute Cloud；EC2）服务，从此开启了云计算的时代。基于云计算平台的信息服务产业发展极为迅速，让人应接不暇。

云计算，它是采用商用、通用、价格不高的服务器（性能不高，可靠性不高）、中等性能的网络设备（百兆、千兆、万兆等）、非高可靠的存储设备（非 RAID）等，构成云计算系统，它要求有较高的性价比。云计算并不是一个全新的系统，它是分布式计算、并行计算、效用计算、网络存储、虚拟化、负载均衡、热备份冗余等传统计算机和网络技术发展融合的产物，这些技术在超级计算机中均有不同程度的应用。云平台主要由如下部分组成：网络接入部分，包括接入网络、防火墙、负载均衡；服务部分，包括网络服务、存储服务、计算处理服务和管理服务等，这一部分主要是由各类服务器组成。

云计算主要有如下三大类服务：（1）基础设施服务（IaaS），它出租计算服务器、存储服务器和网络，如云主机，云存储；（2）平台服务（PaaS），把应用服务的运行和开发环境作为一种服务，包括 IaaS 中的硬件设备，还有应用服务运行的相关环境，在平台之上可以简化应用研发；（3）软件服务（SaaS），如企业邮箱，工程仿真设计，动漫渲染，等等。

云计算平台典型应用：

天河工业云。它是基于 2016 年 12 月工信部工业转型升级重大项目研制完成，是基于国家超级计算天津中心优势资源，充分整合生态伙伴构建的聚焦先进制造研发设计、工艺优化和产品运维管理的云服务平台。它可提供的云服务功能主要有：行业云、智能分析、信息整合、技术融合和开放 PAAS 等。

石油勘探数据处理云平台。它是与中石油东方物探研究院合作，联合研发具有自主知识产权的石油地震勘探三维数据处理软件，基于天河一号组建了“天河石油物探计算中心”，主要为从事石油地震勘探数据处理的单位提供专业化的石油数据处理服务。用户可以通过网络使用石油处理软件和天河一号超级计算机。

个人健康和医疗卫生云。它主要提供基因临床诊断云服务和互联网个人健康云服务。对个人的物理、生化、基因和体表数据进行收集和 24 小时实时监测和处理。采用穿戴设备、移动网络、云平台、医疗专家值班等方式。主要适应人群：术后人员、老年人、有心血管疾病的人。

动漫与影视特效超级渲染云平台。采用行业通用的渲染软件，在天河一号上构建了“天河 – 动漫与影视超级渲染云平台”，构建远程渲染提交中心，在超算中心有专业工程师为用户提供在线技术服务，用户通过网络传输制作数据和工程文件，启动渲染，在线查看渲染效果。

地理信息处理云平台。它存储遥感地理信息数据，使用第三方的遥感数据处理软件，可按照用户要求提供地理信息（GIS）服务。通过专业数据库，可对重点区域的地面、建筑物、桥梁等进行沉降、形变的检测，可服务的领域包括政府决策、城市规划、环境监测、卫生防疫、社会经济统计、人口计生、公安指挥、资源管理、交通管理、物流管理和 GPS 服务等。

工程设计与仿真模拟。它可对机械产品设计中包含形状、强度、高热、高速、高压、复杂结构、多物理因素耦合的情况进行仿真分析；可支持电器产品设计，例如，IC 电路逻辑功能、IC 时序，数字与模拟电路，PCB 逻辑和时序分析等。该平台提供专门的功能设计和功能仿真软件，目的是使设计出的产品能够满足应用要求，通过模拟仿真，模拟产品实际运行的环境，验证产品的功能等。在其他应用领域，可支持先进制造装备研发、工艺仿真、智能管理等，例如环保装备，工业机器人，无人机，风电设备等。通过高性能设计仿真，加快了先进装备开发，降低了研发成本，提高了信息化集成、自动化制造和信息化管理水平，可支持实现绿色制造。

天河建筑云平台。它采用 BIM+GIS 技术，为智慧城市建设服务，服务领域为地面建筑、地下管网和轨道交通。具体服务内容包括，项目规划与设计和项目实施管理的云服务。实行建筑项目的全生命周期的管理，包括：规划、设计、造价、招标、施工过程监管、项目经费管控、验收、物业管理等。

智能交通。它包括城市出租车监管，智能交通管理和引导，城市交通拥堵情况实时通报，指导车辆绕行拥塞区域。

互联网教育。它为中小学的教学管理和学生学习提供服务。

4. 智：人工智能研发平台

人工智能是计算机科学的一个分支，它试图了解人的智能的实质，研制能以与人类智能相似的方式做出反应的智能机器。它的具体研究内容包括：机器视觉、指纹识别、人脸识别、视网膜识别、虹膜识别、掌纹识别、专家系统、自动规划、智能搜索、定理证明、博弈、自动程序设计、智能控制、机器人学、语言和图像理解，等等。专家系统是应用面最广泛的。人工智能有四个要素：算法、算力、数据、应用场景。人工智能研发环境主要由下述部分组成：机器学习、生物特征识别、知识图谱、人机交互、自然语言处理、计算机视觉等。它是依托超级计算、云计算与大数据的融合环境，为人工智能技术创新研究提供算力、算法和数据支撑环境。除了有超级算力支持外，还必须基于研究的技术成果将新的算法用于具体的场景中，如机器人、摄像头自动识别人像等，所以，还要研发嵌入式的专门支持人工智能应用的芯片和智能操作系统。例如正在研发的群体智能操作系统，它能够用于群体式的旋翼、固定翼无人机、无人车、无人潜航器和软体机器鱼等。

人工智能应用主要分布在图像识别、视频图像理解、场景识别、语音识别、人的姿态识别、自动驾驶、智能机器人，无人超市，语言实时翻译等。以医学影像筛查为例，它的作用可分为：食管癌早期筛查，肺癌早期筛查，糖网智能分期识别，乳腺癌早期筛查；在医疗图像分析方面，可以进行病灶特征模型学习和识别，三维可视化重构，借助图像识别，可分辨多达数千种医学影像特征。

5. 雾：互联网、移动互联网、5G、物联网、边缘计算

未来，人类社会中最大的组织机构将是万物互联组织，尽管它是非政府性质的，但是它却是围绕分区域的功能和目的实现自治的。从产业和商业的角度来说，物联网（万物互联）将是最大的市场。在物联网时代，各种传感器分布在各个角落，例如手机和可穿戴手表，住宅中的各种电器和可操作的家居（如门锁，窗帘等），工厂中的设备，分布在各种现场的施工设备，安装在大桥、高层建筑物和隧道上监测沉降的设备，等等，这些设备上有各种各样的传感器，如位置，运动，心率，血压，震动，温湿度，等等。这些数量巨大的传感器通过无线网络或者 Wi-Fi 连接到网络上，实现着万物互联。

超级计算、超级算力、云计算、大数据和人工智能研发平台多是集中式的，可想而知，那些在数量上无穷无尽的传感器将产生海量的数据，就是把这些海量数据传输到云服务平台，网络带宽和延时的压力是巨大的（如高铁的 12306），甚至是不可承受的。工业控制等应用需要毫秒级的服务响应，现在中心化的云计算平台无法满足。所以，需要一种新的系统组织结构来满足物联网日益增长的新的需要。由此，人们提出了边缘计算 + 云计算 + 超级计算融合的模式和系统结构，也简称为边云超结构。边缘计算组成结构和待解决的关键技术问题包括：网络、隔离技术、体系结构、边缘操作系统、算法执行框架、数据处理平台、安全和隐私等。这些都是需要我们深入研究的。

未来数字产业面临着两个巨大挑战和商机，它们是人工智能和物联网（万物互联）。让我们做好充分的技术准备拥抱新兴产业和新的巨大商机，拥抱更加美好的明天。

加快 5G 应用步伐

中国电信首席专家　毕奇

移动通信已经走过了从 1G 到 4G 历程，当下正在朝着 5G 发展。1G 主要是提供模拟语音；2G 是数字通讯，从此走进了数字时代；3G 开始用数据；4G 由于智能终端的发展，所需数据量大大提高，因此提供了宽带数据；现在进入了 5G 时代。5G 将从为消费者服务的模式发展到为行业发展提供的智能服务。刚才几位嘉宾说了，不仅物质是财富，数字也是财富。5G 实际上是把数字的财富推向一个质的飞跃，使得它不单在消费者的数字经济中会有很大的发展，而且在工业数字化方面，也将有一个大的飞跃。

3G 的速率是几兆；4G 的平均速率已达到几十兆，峰值速率达 100 多兆；5G 平均速率将是几百兆，峰值速率可达 1.5G，5G 网络能够更好地把数字经济和行业发展有机地结合在一起，使得数字财产的价值在更广阔的领域更上一层楼。

除速率之外，5G 将向纵深发展，时延将从 4G 的几十毫秒减少到 5G 的几毫秒，对实现工业数字化和工业互联网化将会有比较重要的意义。因此，5G 将为全社会提供全新的网络和极速的体验。

5G 有三大应用场景。第一个应用是大带宽和高速率，这将会改善很多大家非常熟悉的应用；二是海量连接，主要是物联网方面；三是低时延，高可靠。三大应用场景是 5G 的一大特点。在以前，主要的应用还是局限于大带宽。因此，5G 的低时延将能开拓更新的领域，把智能和工业结合在一起。

5G 的部署，可以拉动投资获得比较好的发展。从移动行业本身来说，今后几年的预期是大概每年在亚洲 4000 亿元的投资，中国在亚洲至少占一半，约 2000 亿元投资。但它带动的整个行业发展是该数字的 6 倍，约 2.5 万亿元的经济价值，占 GDP 的 5%。所以移动通信对世界经济影响较大，将有效地推动数字经济稳步发展。

对于 5G 的发展潜力，中国电信非常重视。通过推出“Hello 5G”行动计划，把网络形成智能化，把业务推向生态化，把运营做成智慧化。

2018 年上海移动大会上，中国电信发布了《中国电信 5G 技术白皮书》，这是全世界运营商里第一个全面阐述 5G 技术路线的白皮书，为我国部署 5G，以及全球推进产业链，产生了非常好的影响。

此外，中国电信的 5G 在各方面都取得非常大的进展，其中“智慧治水”是中国电信在雄安与中兴通迅一起合作做的智慧城市项目，取得了非常好的效果。我们还在雄安第一次完成了与 5G 融合的自动驾驶测试，5G 使自动驾驶更加安全、可靠。5G 也在“智慧城市”建设中发挥着作用，已经在中国电信的 5G 外场测试中体现，使得数字经济将有较快的发展。除此之外，中国电信在四川率先用 5G 覆盖了二环，建成了第一个 5G 公交车互联网，使得消费者在第一时间得到了很好的体验。

我们还尝试了 5G 与卫星的结合，“5G+ 卫星”是中国电信跨年之夜在春晚上做的大胆尝试。这个尝试的成功，对媒体的发展也有着里程碑的意义。大家都知道目前的媒体信息传输，大部分用的是卫星，虽然卫星可以提供大流量，但它有很大的时延问题，5G 能够用短时延很好地完成这个任务。

5G 对电子行业也会有很大的推动，包括芯片。3G 时代芯片的密度是 65nm，4G 时代 28nm，5G 时代 7nm，6G 可能是 3nm，所以

5G 将会推动电子产业更上一个新台阶。有很多省市在大力发展电子行业，目前移动通信对电子行业的发展已经超过了所有的其他行业。以前芯片发展最好的是个人电脑，但是现在移动通信已经成为第一名，超过了移动电脑。

5G 智能终端将推动垂直行业朝三个方向发展，包括：智慧、高清和云化。这三个趋势会进一步使得数字经济朝着更高的期望发展，“大智移云”是河北省确立的科技发展策略。5G 会很好地推动该策略的发展，并能够基于此带动各行各业大规模的发展。中国电信目前也制定了方案，重点通过 5G 来实现十大行业的大发展。

5G 时代是 CT、IT、DT 和 AI 深度融合的时代。这是一个全新的时代。它能够通过网络的万物互联使得人、家庭、城市和垂直行业有很好地连接，驱动 5G 全产业的数字转型，在这方面能够帮助河北廊坊电子信息大数据发展。

3G 在我们国家晚了 8 年部署，4G 晚了 4 年，5G 技术基本上会在全球领先部署。5G 预计今年启动，明年将会规模商用，将给互联网、物联网和垂直行业带来全新的商机。5G 会推进行业应用，使其有日新月异的发展，并进一步促进商业和合作模式的创新。

展望未来，超宽带业务成熟度高，将会率先在 5G 商用。物联网应用和海量连接富有前瞻性，在一段时间内是探索家的乐园。低时延，高可靠的应用是全新的应用，有潜力驱动行业发展，为工业制造提供全新的机会。所以通过 5G 的机遇，我们认为河北的“大智移云”计划将形成特色明显、优势突出的高科技产业。

大数据有效赋能实体经济

国家信息中心首席信息师、分享经济研究中心主任　张新红

大数据为实体经济转型升级提供了前所未有的历史性机遇，将会为商业带来翻天覆地的变化。

数字改变世界：数据驱动一切变成现实

美国哈佛大学的钱德勒教授在2000年的时候写过一本书，名字就叫《信息改变了美国》，它讲的是信息化发展成为推动国家转型的一个重要力量。在这之后的将近20年时间里，我们所有人可能都已经体会到了世界真的在发生变化——信息不仅改变了美国，也改变了中国，改变了全世界，改变了我们生活和工作的方方面面。这些变化就发生在我们身边，俯拾皆是。

——出行的变化：从出租车到专车。过去我们打出租车的时候，要站在路边上伸手拦车，可能要等好几分钟甚至十几分钟。好不容易等到一辆空车，司机师傅可能会因为要交班而拒载。如果是赶上星期一早高峰而且还下着雨，那种打车的体验就更糟糕了。现在有了网约车，从你按下按钮到给你确定好车子，一次供需的匹配完成技术上只需要0.12秒，而后台服务器要完成16亿次的数据计算，才能找到最适合你的车并规划好线路、预测好时间和费用。网约车能改变我们的出行体验，实际上就是大数据在起关键的作用，包括车的大数据、人

的大数据、交通的大数据、拥堵的大数据、支付的大数据、信用的大数据等。

——餐饮的变化：从方便面到外卖。以前我们加班的时候，随便来碗泡面也就凑合了。现在可以选择的好食品就比较多了，各式各样的外卖平台你都可以随心地选用。所以有人说现在打败方便面的不是另外一家方便面企业，而是外卖，从经济学上看这就是所谓的跨界。关于跨界竞争，网络上有一句流行语叫“消灭你与你无关”——你都不知道谁会成为你的对手，将会有谁来打败你。现实经济生活中还有许多跨界竞争的例子，就像电信部门根本就没有想到腾讯的微信会把他们的飞信给打败了。

——汽车的变化：从丰田到特斯拉。长期以来汽车业最牛的核心技术是发动机技术，但特斯拉改变了这个格局——它用的是电池技术。与新能源汽车相比，传统汽车最牛的发动机技术优势被瞬间清零了。这在经济学上就叫降维打击，就是增加一个新的维度，使竞争对手原有的优势变得毫无价值。这个概念来源于刘慈欣的科幻小说《三体》，三体人对地球人玩的就是降维打击。类似这样的降维打击在我们现实经济生活中还有很多，比如360对传统杀毒软件的冲击、电子商务对百货大楼的冲击等。现在对于我们而言，利用好互联网，就可以对那些不利用互联网的企业之间形成降维打击。

——手机的变化：从大哥大到智能手机。现代意义上的移动电话在1973年就被发明出来了，但真正投入市场是1985年以后。中国引进第一代移动通信是在1987年，那个时候我们称之为大哥大。以前的手机只能打个电话，现在的手机已经基本上没有它不能干的事了，成为我们的生活平台，也成为我们的工作平台。从1G到2G再到现在的4G、5G，这种变化不知不觉就把我们带入到了一个信息时代。就连手机里下载的各类APP也在不断创新，你睡觉的时候说不定它们都在偷偷地更新，这在技术上就叫迭代创新。

——支付手段的变化：从现金到扫码。谁都没有想到最早进入无现金社会的是我们中国，现在买棵大葱都可以扫码，连乞丐的茶缸、寺庙的功德箱上都有了二维码。移动支付已经改变了所有的商业生态，也使得人们的生活更加便捷，更加丰富多彩。

——制造业的变化：从流水线到智能制造。说到现代大工业就会让人想到《摩登时代》里的卓别林，可以很直观地看到流水线工厂如何把人变成了机器。现在大家谈论更多的是智能制造，把机器变得跟人一样，甚至比人更聪明、更精准、更能干，而且不需要休息，还不用申请劳动保护。

重新定义一切：纯粹意义上的“实体经济”已经不复存在

2017 年“信息社会五十人论坛”出了一本《重新定义一切》的书，我为这本书写的序言叫《为什么要重新定义》。简单而言，就是我们现在看到的一切跟以前不一样了，需要重新思考，重新理解，重新适应，重新应对。货币、汽车、资源、劳动、工作、娱乐、生产、服务……你能想到的一切都需要重新定义。

对于企业而言，与企业相关的所有要素及其每一个流程环节都可能因为数字化的发展而变得大不一样。以资源为例，企业的资源更多的可能不是过去熟悉的有形资源，而是文化、创意、数据等无形资源。在网络化的背景下，资源短缺可能就是一个伪命题。你不是缺资源，而是你不知道资源在哪，不知道怎么去利用。同样，从产品的研发到生产、管理、销售、服务，这一切也都跟以前不一样了。

很多人反映现在的新名词太多了，连政府文件里都在不断推出新的词汇。其实，不是大家喜欢造新词，而是这个时代变化太快了，新的事物来得太快又来得太多，如果不用新的词汇就无法真实反映这些变化。

实体经济也在发生变化，纯粹意义上的实体经济已经不存在了。

拿农业来说，跟农业相关的各个生产要素，以及每一个要素的运转全过程、全环节，基本上现在都已经离不开大数据。放眼未来，要发展生态农业、定制农业、众筹农业、共享农业等，都是建立在数字化之上的，否则无从谈起。

工业、制造业也是一样，它所有的要素，包括人员、技术、设备、安全、客户需求等，也包括生产的全流程、全过程，基本上也已经或者正在数字化。从未来角度看，与智能制造相关的个性化定制、协同制造、产业互联网等也是建立在协同化、数字化基础上的，并且正在成为现实。

至于服务业或者消费领域的数字化更不用说，吃穿用住行、医教游娱养等领域各种各样的网络化平台大量出现。未来如果要发现新需求、创造新价值、解决新问题、提升新体验，也都将离不开数字化。

所以如果现在还要讲实体经济，我觉得应该给它加上一对引号。今天的论坛主题就提到了三个“新”，实际上现在所有的事物都可以在前面加一个“新”字，你就会发现可以出现无数个“新”，一切都需要重新理解。

数据无处不在：所有能数据化的终将数据化

这里所说的数据，是指机器能够识别的数据。机器能够识别的数据就两个：一个是 0，一个是 1。只要把所有的万事万物及其运动的每一个环节都转化成 0 和 1，机器可以识别，然后再把它总结出人类能读懂的数据就变成了我们常说的信息，这就是整个数据化引发的变化。

美国物理学家约翰·惠勒有一句名言叫“万物源于比特”，如果世界是由比特（数据）构成的，一旦把所有的事物变成 0 和 1，机器就可以识别、捕捉、认识，把它转化成有用的数据、有用的信息、有用的知识，最后形成智慧，这就是数据的价值。一系列的数据资源被开发出来，就会形成各式各样的应用场景，人类利用数据化、数字化来重新认识世界和改造世界的能力就会得到大大增强。

那么我们来看一下，机器是怎么识别人走路的。手机带有传感器，可以感知人的运动，并把每一个活动记录下来，这些不断变化的数据就是大数据。然后就告诉你走了多少步、多少公里、爬了几层楼梯，而这些形成的统计数据就是小数据了。为什么这些手机的厂商愿意收集你这些数据？因为它里边能透露很多的信息，你的行为信息基本上就会因为这么一个小软件而被人家全部捕捉到。当然，这些信息对我们自己也有一定的好处，比如可以帮助了解运动量等。也有人根据这些运动的数据与健康联系在一起，我觉得还是有一定道理的。也许这些数据对保险公司很有用，可以根据每个人每天的步数来设定大病保险系数。当然也有人做出另外一些分析，比如分析每日行走步数与收入之间的关系，说最富有的 1% 人群平均每天走路是 12000 步，这当然就有滥用大数据的嫌疑了。

现在已经有许多旅游景点设立了电子公告牌，可以实时显示景区内的游人数量。有了这个小应用，就可以及时调控和提供相应服务，就可以有效防止诸如踩踏事件、滞留事件的发生。

现在大数据基本上是无处不在，互联网、移动互联网、产业互联网、智能终端、智能硬件、智能制造以及各种各样的应用系统里，每时每刻都在产生各种各样的数据。从数据的表现来看，除了我们以前熟悉的统计数据之外，现在更多的是交易数据、行为数据、传感数据等。很多数据在以前是没法获得的，现在则变得轻易可得。

数据赋能：所有的规律都可能被发现

当机器能够将所有数据记录下来并进行分析时，很多过去发现不了的规律现在就可以做到了。如果所有的事物及其变化过程都能够数据化的时候，所有的数据都可以用来重新加工，重新利用，让它产生更大的价值，这就给了我们无限的创新可能，人类认识和改造世界的能力将会大大增强，实体经济也是如此。

因为有了大数据，我们可以发现新的规律，用正确的方法做更多的事情，这就是数据赋能。

在人类的知识模型里，处在最底层的就是数据，通过各种传感器可以获取到数据。有了这些数据之后，机器会进行初步的处理，加工成人能看懂的数据，这个时候它就有了一定的含义，这些具有一定含义的数据就是信息。我们使用的信息多了，总结出一些带规律性的东西，如定理、公式等，这就是知识。利用这些知识去指导我们的决策、行动，这就是智慧。上升到一定高度和理性的智慧，就是我们常说的理念。从数据到信息、知识、智慧、理念，这就是人类知识形成的基本模型。有了这样的模型，我们就可以理解到为什么说数据是原始宝藏，是信息社会的战略资源。

有了大数据，很多过去发现不了的规律就可以被发现了。大数据的功能可以体现在五个方面：一是识别，它能识别你的身份，识别你的位置，识别各种机器的运行状态，也可以识别事物的真假。二是重现，它可以把过去的场景重新再现一遍。这个功能对于案情分析、食品药品追溯就很有帮助。三是关联，通过分析各种相关关系，可以得出一些很有意思的结论。比如搜索大数据既可以用于分析流行性疾病传播路径和发展趋势，也可以用于舆情分析。四是溢价，数据越用越多，产生更大的价值。五是预测，它可以预测未来的经济发展、天气变化、各种自然灾害、疾病的流行以及人的行为。比如用电量、网上销售数据等可以用来预测宏观经济走势。

数字机遇：所有的生意都值得重做一遍

有了大数据、人工智能、智能制造和共享经济，就可以用全社会的资源来完成你想要得到的服务，用新的办法解决过去很难解决的问题，所有的事物都可以换一个玩法儿，所有的生意都值得重做一遍。

在出行领域，我们已经感受到了共享单车、网约车、共享汽车带来的变化，但相信这不是未来变化的全部。有一个网友就有过这样的愿景："以后我买一辆自动驾驶的车，我用的时候让它来接我，我不用的时候让它自己去跑滴滴。让它自己养活自己，说不定还能养活我。"说不定用不了多久自动驾驶就会成为现实，绝大多数汽车也都是共享型的。

在医疗领域，互联网医院一定会发展起来。去年到一家互联网医院调研，全国的注册医师 260 万个，这个平台上就有 50 万个医生。如果互联网医院发展得好的话，95% 的病是不需要到医院去看的，95% 的病人是不需要跑去北京的，5% 的药品就可以解决绝大多数病症。这样，优质医疗资源严重不足和分配不均的问题就可以大大缓解。

在教育领域，网络教育会全面普及。边远地区的孩子可以与北京学校的孩子一起学习，优质教育资源严重不足和分布不均问题基本解决。网络学习、移动学习、终身学习可以成为常态，高考制度也可能会成为历史。

更多的变化还会发生在住房、养老、就业、食品安全、金融、城市治理等所有领域。总之，你希望改变的地方都会改变。所有的痛点都是机遇，最大的风险是抓不住机遇。

数字未来：今天才是第一天

信息技术及其创新应用每天都在创新，每一种创新都可能引发一系列新的变化，每一种变化都给我们提供了大量的机遇，利用好这些机遇未来就是值得期待的。

谈到未来发展变化趋势，我欣赏凯文·凯利的一句话："今天才是第一天"。它在《必然》一书中提到了驱动未来发展的12个科技力量。第一个叫"形成（Becoming）"，指的就是我们常说的迭代创新，一点一点变化，持续不断地创新，到了一定程度，你就会发现事物已经和原来完全不是一回事了。计算机、手机、微信等都经历了迭代创新的过程。第二个叫"知化（Cognifying）"，就是我们常说的人工智能。现在我们看到的人工智能还都是初级的，将来随着机器深度学习能力的增强，人工智能带来的影响一定是非常大的。第三个是"流动（Flowing）"，信息只有流动起来，才会真正地发挥作用，它的价值才会最大化。第四个是"屏读（Screening）"，实际上讲的是泛在互联网，到处都是屏幕，随时都能上网，一切都可联网。第五个是"使用（Accessing）"，就是所有东西都要接入使用，要能减少各种数字鸿沟。第六个是"共享（Sharing）"，就是我们常说的共享经济，拥有不再重要，使用才重要。第七个是"过滤（Filtering）"，即在信息爆炸的时代，大数据爆炸带来信息无处不在，但不是所有的信息都是有用的，也不是所有的数据都能够产生价值，你得学会过滤，也会有专门的人提供信息过滤服务。第八个是"重混（Rrmixing）"，即把一切打乱，重新组合，每一次新的组合就是一次创新。这在以前很难，但现在很容易。第九个是"互动（Interacting）"，互动会产生更多的需求，会产生更大的价值。第十个是"追踪（Tracking）"，讲的是所有的数据都将被记录下来。第十一个是"提问（Questioning），你能提出一个好问题，发现一个新的需求，那么一个新的发明就可能被创造出来。第十二个是“开始（Beginning）”，强调一切才刚刚开始，今天才是第一天。凯文·凯利在谈到这 12 种力量时使用的都是动名词，也是现在进行时，就是说这些变化正在进行中。

每一个发展的趋势里都蕴含着大量的发展机遇，为未来发展提供了广阔的空间。实体经济向数字经济转型的实践很丰富，路径也不止一条。希望中国的创新实践能为全球的经济转型升级提供更好的经验，也相信中国一定能够走出与美国的产业互联网和德国“工业 4.0”不一样的道路。

最后用三句话做一个小结：万物源于比特，所有能数据化的都将数据化；应用才是正道，所有的生意都值得重做一遍；数据驱动一切，基于数据的产业变革才刚刚开始。

大数据、人工智能与航天飞行器

中国航天空气动力技术研究院一所所长　艾邦成 研究员　杨武兵、罗晓光

人类正处于数字世界和物理世界对话的前夜。随着计算机的出现，人类的数字化进程形成了数字世界的物质基础，而随着人工智能的发展，这一世界初具演化和成长能力。以新世界的观点来看待新一轮科技革命，我们能更好地理解各种科技变革和各种产业背后的逻辑关系，看到一个更加波澜壮阔的时代。

过去的事实表明，从纸张到计算机再到人工智能，人类文明的进程在加速。而从应用角度而言，人工智能是一种现代工具，随着工具的进步，人类认识世界、改造世界的能力在大幅提升，可以预见，如同 50 年前芯片一样，人工智能将逐渐向各行各业渗透。这种渗透使数字世界的规模和能力大幅提升，具备从底层颠覆人类生产生活方式，尤其是科技领域创新模式的潜力，航天领域概莫能外。

科学大数据与科技创新

随着大数据分析手段的完善，大数据和自然资源、人力资源一样，展示出重要价值，甚至成为企业的最主要资产。这些早已引起业界、经济界和科技界的广泛重视。

商业大数据应用已非常广泛，谈论也很多，此处我们主要谈科学

大数据。科学大数据目前还处于初期的发展阶段。有评论指出，科学大数据可能是理论的终结，它提供了理解世界的一条完整新途径，用相互关系取代因果关系，即使没有一致性的模型和统一的理论，科学也可以进步。这虽然带来争议，但可以看出科学大数据对物理世界认知的重要性。

事实上，美国非常重视科学大数据。美国 DARPA、能源部和研究基金会都已启动很多项目，对非线性等问题开展研究。从科学发展而言，人类科学研究早已确立了实验、理论和计算三种研究范式，而大数据提供了第四范式。这是一种很大的变革力量。它与人工智能的结合，使其能力更大。当它往航天领域渗透时，也许会焕发想象不到的空间。它带来的不仅仅是技术本身的进步，同时也是科研模式的巨大改变，甚至变革。

我们畅想大数据，但并非否定传统思维。事实上，大数据的主要产出方式依然是传统方式，例如计算，例如试验。我们主张传统思维与大数据的融合。在传统研究领域，我们已有很多经验，而在大数据方面，未来需在各方面取得突破，包括可视化分析、数据挖掘、数据应用、语义引擎和数据本身的质量管理。早期航天器研制中产生了很多数据，但产出的数据并未形成大数据。虽然，也对数据精准度做过小样本实验，并对这些数据进行分析，但对这些数据挖掘的模式并不完善，需要重新设计新的技术路线。

航天科技创新中的人工智能

当前，我国正从航天大国迈向航天强国。我们的航天发射规模是世界上最大的，但是，从大到强，在技术领域还有不小的差距需要跨越。我们的主要差距在原始创新，我们很多技术不是原创的，大数据与人工智能或许能够提供新的创新范式。

更高、更快、更远是飞行器永恒追求。从莱特兄弟的飞机，到现在的超声速飞机，再到未来的高超声速飞行器，两小时全球到达。要实现这个目标，按传统的技术路径发展需要很长时间，但利用大数据和人工智能，这种进程可以得到加速。比如说外形设计，让飞机阻力小。过去是基于科学认知和实践来做，而未来完全可以从数据中自动衍生，并且性能上优于传统设计方案。我们甚至可以把飞行器做成像鸟儿一样自由变化，可以通过学习具备智能飞行能力。

航天技术也涉及大量自然科学问题，比如说湍流，它被达·芬奇描述为混乱的、杂乱无章和无规律，它在科技领域困扰了人类一百多年，现在依然难从理论上解决，但也许未来可以通过大数据技术进行彻底解决。

航天飞行器还涉及大量管理科学。航天器设计是一个系统工程，航天工程之所以周期长，是因为它需要广泛地不断地协商、沟通。未来，我们希望借助人工智能实现航天器设计模式和管理的创新，把研制周期大幅缩减。同样，借助它们实现数据共享、知识共享和工具共享。

数字世界的产业逻辑

我们尝试从数字世界来看各相关产业背后的逻辑关系，以获得某种启示。

首先从物理世界到数字世界，它需要数字化设备，如数码相机、3D 扫描、传感器与物联网将物理模型及其状态导入数字世界，建立两个世界的镜像。同样，从数字世界到物理世界，它需要 3D 打印这样的技术快速变现。

其次是数字世界的演化。它的核心是大规模分布式计算，包括高性能计算、云计算和边缘计算。随着创新活动的加剧，人类对计算的需求在加大。仍以航天为例，计算机和计算技术的出现改变了飞行器设计模式。1980 年以前飞行器都是通过地面试验和飞行试验作为设计主要支撑，1980 年以后随着计算机技术和计算流体力学的发展，计算逐渐成为数据的主要手段。飞行器设计对计算需求在加大，根据 NASA 调研报告，飞行器到 2030 年对计算需求会有量级的增长。高性能计算还往下游衍生新的产业。例如，高性能计算需要散热，我们把航天领域的散热技术和热管技术拓展用于高性能计算，可大幅省电。这也是高性能计算帮助航天器设计，航天技术反过来帮助高性能计算的成功案例。

最后，当数字世界与物理世界互动时，当人类追求沉浸式体验时，我们还需要数据衣、数据手套、数字头盔等设备。而 5G 技术甚至可使得数字世界与物理世界的联通再无边界，是两者走上融合的开始。

总之，大数据与人工智能的发展势不可挡，现在我们需要探索它们在航天领域的融合方式。我们希望在融合过程中产生颠覆性的模式，大幅提升航天创新能力、大幅减小航天设计周期和成本。尽管我们现在的认知还存在欠缺，但是一定会在未来创造航天新纪元。

迈向数字经济新时代

中国信通院政策与经济研究所数字经济研究部主任　孙克

从农业革命、工业革命到信息革命，纵观世界文明史，每一次科技革命和产业变革都推动了生产力的大幅跃升、人类文明的巨大进步。数字经济是信息革命在经济领域的新形态，既包括传统农业、工业、服务业的改进升级，也包括新模式、新产业、新业态的发展壮大。我国经济已由高速增长阶段转向高质量发展阶段，正处在转变发展方式、优化经济结构、转换增长动力的攻关期，把握数字经济发展大势，促进生产力的发展，促进生产关系变革，是保持经济中高速增长、实现高质量发展，建设现代化强国的关键驱动力量。

把握数字经济发展的新机遇

数字经济以数字化丰富要素供给，以网络化提高要素配置效率，以智能化提升产出效能，推动经济发展质量变革、效率变革、动力变革，意义重大，机遇难得。

一是党中央高度重视。党的十八大以来，以习近平同志为核心的党中央高度重视发展数字经济，推动数字经济逐渐上升为国家战略。早在2016年10月，在中共中央政治局第三十六次集体学习上，习近平总书记指出："做大做强数字经济，拓展经济发展新空间。"党的十九大报告提出，推动互联网、大数据、人工智能和实体经济深度融合，建设数字中国、智慧社会。2017 年 12 月，中共中央政治局第二次集体学习时，习近平总书记强调，加快建设数字中国，构建以数据为关键要素的数字经济，推动实体经济和数字经济融合发展。2018 年 4 月 20 日，全国网络安全和信息化工作会议上，习近平总书记指出，要发展数字经济，加快推动数字产业化，依靠信息技术创新驱动，不断催生新产业新业态新模式，用新动能推动新发展。要推动产业数字化，利用互联网新技术新应用对传统产业进行全方位、全角度、全链条的改造，提高全要素生产率，释放数字对经济发展的放大、叠加、倍增作用。要推动互联网、大数据、人工智能和实体经济深度融合，加快制造业、农业、服务业数字化、网络化、智能化。

近些年来，网络提速降费、大数据、“互联网 +”、人工智能、分享经济、工业互联网、信息消费等一系列重大政策正在推进实施，各地对数字经济支持力度不断加大。

二是产业转型的机遇。摩尔定律与超越摩尔定律使产业保持强大的创新动力。以移动互联网、工业互联网、云计算、大数据、人工智能等为代表的新一代信息通信技术快速发展，引发软硬件等核心技术体系升级，深刻调整产业格局。

三是经济转型的机遇。传统产业数字化、网络化、智能化转型步伐加快，网络连接、平台支撑、软件定义、数据驱动、智能增值成为主要特征，为数字经济发展开辟巨大空间。数字经济是现代化经济体系的重要组成部分，也是推进供给侧结构性改革、推动实体经济高质量发展的重要驱动。

数字经济的“三化体系”

从技术经济范式的角度看，科技产业革命特别是关键技术创新将深刻影响宏微观经济结构、组织形态、运行模式，进而形成新的经济社会格局。数字经济是数字技术驱动下，经济发展与政府治理模式加速重构的新型经济形态，体现了生产力和生产关系辩证统一的关系。

1. 数字产业化：数字经济创新体系变革

数字产业化是数字经济发展的先导力量，以信息通信产业为主要内容，具体包括电子信息制造业、电信业、软件和信息技术服务业、互联网行业及其他新兴产业。数字产业化的稳步发展，集中表现为数字技术经济范式创新体系变革。

基于互联网，全球创新网络深刻重构，数字经济创新生态系统构成国家创新体系的基石。跨领域、协同化、网络化的数字经济创新平台正在兴起，国家重大科技基础设施的开放和共享全面加快。数字经济领域的创新能力成为国家创新能力的核心和根本标志，创新主体互动、创新资源组织和创新成果转化方式更加网络化、全球化和快捷化，促进形成更开放、更灵活、更快速、更贴近用户的创新发展模式，开启以融合创新、系统创新、大众创新、微创新为突出特征的创新时代。

数据驱动型创新正在向经济社会、科技研发等各个领域扩展，成为国家创新发展的关键形式和重要方向。工业、农业和服务业依托大数据分析，逐步实现精细管理、精益生产、精准营销、精确规划，并进一步优化产业供应链和资源配置效率；科研机构通过数据模拟和验证实现科学假设和科学推理的模态还原与仿真测试，推动形成数据密集型科学研究范式；政府和公共服务机构通过数据监测和数据共享，促使社会治理和公共服务走向“量化决策”和“数据治国”，推进国家治理体系和治理能力现代化。网络化协同开放式创新渐成潮流。海量企业依托互联网实现联合多元化创新，直接促进电子商务、网络众筹、创客行动、移动互联网等产业的迅速崛起，加速效益向IT、营销、物流、设计等周边行业外溢，成为当今最为活跃的基本创新形态。

2. 产业数字化：数字经济经济形态变革

产业数字化是数字经济发展的主引擎，是传统产业由于应用数字技术所带来的生产数量和生产效率提升，其新增产出构成数字经济的重要组成部分。产业数字化集中体现为数字技术体系对生产制度结构的影响，即对传统产业组织、生产、交易等的影响。 数字经济“平台+生态”的组织结构呈现出爆发增长态势。

平台化和生态化几乎成为所有数字经济领域企业的共同选择，越来越多的垂直领域产生平台企业和生态系统。在经济新常态背景下，平台化和生态化的组织结构不仅能够有效促进供给侧结构性改革，而且能够有效扩大信息消费，同时也成为打通供给侧和消费侧的重要基础设施。 线上线下融合发展成为引领数字经济发展的主导力量。从数字经济发展史看，前面几十年主要是信息产业自身的发展，而后面几十年将进入线上线下融合产业主导发展的阶段。不论是传统 ICT 巨头如 IBM、英特尔、微软，还是新兴互联网巨头如谷歌、苹果、Facebook，都是新兴信息产业自身崛起的典型代表。然而，近几年来，一方面互联网企业积极向线下渗透，比如阿里巴巴和腾讯的“支付宝+”和“微信+”战略，另一方面传统企业积极向线上转型，比如 GE、海尔、红领等智能制造战略，都凸显了线上线下融合发展的趋势。

所有型经济向分享型经济加速演进。数字技术的融合渗透应用正在推动分享型经济快速发展，如同包产到户和承包制实现了所有权的分离一样，正在加速生产组织关系变革，使生产资料可以接近零成本无限复制，为经济提供新的发展动力。

交换式贸易转向统一聚合的数字经济市场。互联网改变了传统链条式的交换贸易方式，将设计、生产、流通、贸易、消费的全过程实现了在互联网的聚合，减少了贸易环节，降低了交易成本，推动企业之间或企业与消费者之间的交易，实现即时按需采购、销售或消费。

3. 数字化治理：数字经济社会形态变革

数字化治理是数字经济发展的必要补充，包括利用数字技术完善治理体系，创新治理模式，提升综合治理能力等。数字化治理集中体现为数字技术对社会制度结构的影响，即在数字经济快速发展背景下，形成的与之相适应的政府治理体系、模式等的全面变革。以民主参与、集体协作、去中心化、自组织为特征的网络社会正在加速形成。社交网络、移动互联、即时通信、线上线下结合的广泛应用空前扩展了人际交往空间，网络社会互动跨越了地域、种族、文化与宗教的界限。网络亚文化群、网络自律团体等不断涌现，传统社会组织与结构加速向扁平化、多中心模式发展演化。基于在线合作、分享互助的知识型协作社区，将根本改变人们知识创造和经验分享的方式。数字技术融合渗透促进治理体系变化。互联网已经成为舆论宣传、诉求表达、组织动员的主要手段，为社会公众行使知情权、参与权、表达权、监督权开辟了新渠道，正在推动政府由传统管理方式向公开透明、精简高效的现代化治理方式转变。数字经济融合渗透促进就业结构变化。数字技术赋予各种职业更大的灵活性，新的职业边界逐渐形成。同时，数字技术大大降低了信息不对称，促进了供需对接，增加了就业匹配的可能性，促进了按需就业、按兴趣就业、按时间就业。

推进数字经济发展的关键点

2018 年我国数字经济总量达到 31.3 万亿元，同比名义增长超过 20 %，显著高于当年 GDP 增速，占 GDP 比重达到 34.8%，同比提升 1.9 个百分点。数字经济已成为近年来带动经济增长的核心动力，2018 年我国数字经济对 GDP 的贡献率为近 60%，接近甚至超越了某些发达国家水平，数字经济在国民经济中的地位不断提升。

综合来看，我国数字经济取得了显著的成效，仍面临一些瓶颈。其中，既存在需求侧数字化基础薄弱的问题，也存在供给侧平台支撑能力不足以及环境有待完善的问题。

一是数字化基础薄弱。制造业是实体经济的主战场，供给侧结构性改革的重要领域。我国制造企业数字化发展不平衡不充分问题依然突出，一些企业达到 3.0 水平，但大部分企业，特别是广大中小企业仍处于 2.0 阶段。多数企业数字化水平较低，网络化、智能化演进基础薄弱；工业网络标准、技术、产业基本被外商掌控，且标准众多、互通性差，高端工业传感器、工业控制系统、关键工业软件等基本被国外垄断。全球工业现场总线、工业以太网标准协议全部由少数国外企业掌握，工业以太网网络设备市场由国外垄断。工业控制领域高端 PLC 市场、高端 DCS 市场被国外厂商垄断。国外企业 CAD、CAE、PLM 等高端工业软件占据了国内航天、航空、汽车等行业绝大部分的市场。

二是平台支撑不足。工业互联网平台是实体经济全要素连接枢纽、资源配置中心和智能制造大脑。2015 年以来，全球工业互联网平台建设步伐明显加快，目前已超过 150 个。国际巨头在工业技术、产品、经验和数据等基础上，打造“国际品牌 + 高端产品 + 先进平台”的立体新优势。我国工业互联网平台起步较晚，与国际先进水平相比，平台商业成熟度存在一定差距，龙头企业缺乏，核心能力薄弱，生态相对滞后。

三是安全隐患突出。线上线下融合，网络安全威胁和风险从虚拟网络空间向现实物理世界蔓延扩散。一旦遭受网络攻击，可能引发重大网络安全事件。此外，生产装备由机械化向数字化、网络化、智能化演进，并将大量接入工业互联网，会带来新型安全风险，这些设备不仅是网络攻击的对象，一旦被控制，会成为攻击源发动网络攻击，破坏力将被指数级放大。美国曾发生大规模断网事件，就是黑客利用僵尸网络控制了大量摄像头、打印机等联网设备发动网络攻击。

四是环境有待优化。以平台为核心的数字经济新业态，给传统政府监管模式带来新挑战。不规范经营问题凸显。平台经济开创了“人人即商家、人人即媒体”的新时代，由于准入门槛低，经营者良莠不齐，网络售假等不规范经营现象时有发生，侵犯消费者权益。不正当竞争隐患浮现。在电子商务、网络租约车、移动支付等领域，超大型互联网平台占据强势地位，强制商家进行“二选一”等行为，引发社会各界对垄断和不正当竞争的忧虑。数据保护风险加大。互联网平台汇聚海量用户数据，数据价值不断提升，用户个人信息泄露和非法利用、数据非法跨境流动等风险不断增大，各类恶性事件频发。

进一步推进数字经济繁荣发展，要突出抓好以下四方面。

第一，推动工业互联网建设应用。除进一步加快网络基础设施演进升级外，尤其需要加快工业互联网建设。一是加快工业互联网网络建设。面向企业低时延、高可靠、广覆盖的网络需求，全面部署IPv6，加快5G商用进程，推进工业互联网标识解析体系建设。二是加快工业互联网平台建设。从供给侧和需求侧两端发力，加快工业互联网平台建设推广，形成多层次、系统化的平台发展体系，促进工业全要素连接和资源优化配置。三是加快工业互联网应用推广。开展面向不同行业和场景的应用创新，提升大型企业工业互联网创新和应用水平，加快中小企业工业互联网应用普及，实现“建平台”与“用平台”双向迭代、互促共进。

第二，提升企业数字化水平。数字化是网络化、智能化的基础，要着力解决企业数字化发展不平衡不充分问题，加快形成贯通全流程全领域的数据链条。一是夯实数字化基础。加快数字化技术、装备、系统在生产过程中的应用，进一步提升工业企业关键工序数控化率和数字化生产设备联网率。二是促进网络化升级。大力推动企业内网改造，继续推进连接中小企业的专线建设，提升企业研发、设计、生产、销售、服务网络化水平。三是推进智能化生产。大力发展智能工厂，加强企业间网络化协同，发展大规模个性化定制，推动产品联网与远程服务，创新生产方式、组织形式和商业范式。

第三，完善政策环境。着力营造规范有序、包容审慎、鼓励创新的发展环境。一是健全法律法规。制定完善适应数字经济新技术新应用新业态新产业发展政策法规，构建以《中华人民共和国网络安全法》为核心，关键信息基础设施保护、大数据安全管理、跨境数据流动等重点领域专项立法同步的网络安全制度体系。二是包容审慎监管。深化“放管”服改革，推动事前监管向事中事后监管转变，强化互联网思维，充分利用大数据，推进政府决策科学化、社会治理精准化、公共服务高效化，推动从单纯的政府监管向社会协同治理转变。三是强化安全保障。树立正确的网络安全观，统筹发展和安全、自主和开放、管理和服务的关系，统筹推进网络与信息安全技术手段建设，全面提升关键信息基础设施、网络数据、个人信息等安全保障能力。

第四，加强要素保障。一是人才保障。鼓励校企合作、校院合作，培养一批数字经济企业家、科技人才和技能型人才。不断提高数字经济人才资源全球化培养、全球化配置水平，加快培育一批国际化人才，畅通人才流动通道，为数字经济繁荣发展提供坚实的智力保障。二是资金保障。加大国家专项资金研发支持力度，引导产业投资基金更多投向关键领域和短板领域，撬动更多社会资本参与。鼓励金融机构、大企业为中小企业实施数字化转型提供定向贷款、供应链金融等服务。三是数据保障。构建全国信息资源共享体系，稳步推进政府数据开放，加强政企数据对接和互动合作，打通信息壁垒，形成覆盖全国、统筹利用的数据共享大平台。制定数据资源确权、流通、交易相关制度，健全市场发展机制，引导数据有序流通。

下篇

应用实践

2019
数字经济大会报告

5G 赋能未来

中国电信股份有限公司北京分公司党委委员、副总经理　项煌妹

5G 是演进，更是变革

什么是 5G？这是在接触 5G 概念时，首先要解决的问题。5G 是第五代通信技术的简称（5th generation），我们从 1G、2G、3G、4G 一路走来，经历了数十年的技术演进，才有了现在的形式。不妨先回顾下 1G 到 4G，每一代都通过标志性能力指标和关键核心技术来定义。

第一代移动通信系统（1G）就是曾经使用“大哥大”通信的时代，是模拟通信系统。终端体积大，设备笨重，系统容量低，价格高昂。同时，1G 时代业务功能单一，采用了 FDMA 频分多址技术，仅能提供模拟的语音业务，依靠拨打语音电话与他人联系。

第二代移动通信系统（2G）就是经常说的 GSM。该系统是第一代数字化的通信系统，采用了 TDMA 时分多址技术，可提供数字语音业务和低速数据业务。

第三代移动通信系统（3G）用户的峰值速率达到了 Mbps，以 CDMA 码分多址为技术特征，可提供多媒体数据业务。终端体积逐渐变小，价格逐渐降低。同时，开始有了彩信、手机报。由此，也拉开了移动互联网的序幕。从 3G 开始，移动通信进入了分组交换的时代，即每次通信流程不再是为用户分配固定的通信链路资源，而是采用包交换的方式，通过路由选择发送到目的地址。

第四代移动通信系统（4G）就是我们现在广泛使用的 LTE 系统，以 OFDMA 正交频分多址技术作为核心，用户峰值速率可以超过 100Mbps，可提供多种移动宽带数据业务。例如，人们可以使用微信拨打视频通话、可以在线浏览网页观看视频、可以便捷地使用电子支付。4G 时代更大的吞吐量、更好的用户上网体验、更高的系统效率让我们迎来了移动互联网时代，也极大地改变了我们的生活。

而即将到来的第五代移动通信系统（5G），其关键能力比前几代更为丰富。5G 不是简单的 4G+1G，它在技术上是一种质变的飞跃。5G 的设计初衷，已不再局限于如何为用户提供更好的无线上网业务体验，而是希望设计一个无线网络，能够将社会上所有具有数字化需求的物体进行连接，进而构建一个为数字化社会服务的基础网络。

在 2015 年国际电信联盟的会议上，全球主要运营商和设备商共同定义了 5G 的三类典型应用场景，即 eMBB（增强移动宽带）、URLLC（低时延高可靠）、mMTC（海量大连接）。

其中，eMBB 典型应用包括超高清视频、虚拟现实、增强现实等。这类场景首先对带宽要求极高，其次，涉及到交互类操作的应用还对时延敏感。例如，富士康现在尝试通过 8K 高清视频拍摄生产线上的钻头，然后放大成像图片来判断钻头是否磨损过度，替代了之前通过成品合格率来判断的办法，大大提升了生产效率。中国电信也和多家医院尝试成立联合实验室，探索通过8K高清视频实时指导手术。

URLLC 的典型应用包括工业控制、无人机控制、智能驾驶控制等。这类场景聚焦对时延极其敏感的业务，高可靠性也是其基本要求。这就是为什么 4G 是不可能诞生无人驾驶的，而 5G 为无人驾驶提供了很好的技术基础。

mMTC 的典型应用包括智慧城市、智能家居等。这类应用对连接密度要求较高，同时呈现行业多样性和差异化。比如，智慧城市中的抄表应用等。

5G 的内容十分丰富，形式更加复杂，它不仅仅是新一代通信技术演进的成果，更多地将为社会带来深度变革。

5G 核心能力

1. 以 SA 为目标的“三朵云”架构

5G 的组网方式有两种，独立组网（SA）和非独立组网（NSA）。中国电信选择了独立组网的路径，当前的情况是 SA 和 NSA 并行。

5G 目标网络逻辑架构简称“三朵云”，将包括接入云、控制云和转发云三个逻辑域。未来的 5G 网络将是一个可依业务场景灵活部署的融合网络，具有灵活、智能和开放的特点。

控制云完成全局的策略控制、策略管理、会话管理、移动性管理、信息管理等，可实现定制网络与服务，满足不同新业务的差异化需求。

接入云将支持用户在多种应用场景和业务需求下的智能无线接入，并实现多种无线接入技术的高效融合，可进行灵活组网，并提供边缘计算能力。

转发云配合接入云和控制云，实现业务汇聚转发功能，基于不同新业务的带宽和时延等需求，转发云在控制云的路径管理与资源调度下，实现增强移动宽带、海量连接、高可靠和低时延等不同业务数据流的高效转发与传输，保证业务端到端质量要求。

“三朵云”不可分割，协同配合，可结合行业特点提供定制化服务，实现在原有的网络结构上的全面优化。

2. 网络切片及边缘计算

基于服务化架构的 5G 核心网将采用云化部署，控制面集中部署，对用户面转发资源进行全局调度；用户面可按需下沉，实现分布式灵活部署，体现“网络即服务”理念。同时，配合自主研发的 MEC 平台，可支持边缘计算技术，重点服务低时延、本地大流量的业务，为个人用户带来极致的业务体验，为行业用户带来生产效率和质量的提升，为创新边缘计算的盈利模式做好技术准备。

举一个形象的例子，比如视频业务的端到端切片，如果通道足够宽，就能切出来某个通道跑视频业务，另一个通道跑游戏业务。这样我们就能够根据不同的业务类型，切出不同的专用车道。对于行业也一样，制造业可以有专门的通道，无人驾驶也是端到端的，也有专门的通道，这样就能提供差异化服务体验。

4G 改变生活，5G 改变社会

4G 改变的是生活，因为很多生活场景 4G 是能够满足的。我认为 5G 与产业的结合以及对社会的改变应当占 80% 的比重，而对个人生活的改变，例如 4K、8K、沉浸式游戏，或在家中戴着 VR 眼镜与教师远程互动等，此类改变应占 20% 比重。

5G 通过与垂直行业应用的结合，在 2B 方向上，将会发挥更大的作用，赋能智慧交通、警务、环保、医疗、教育、媒体、旅游、工业等领域，辅助政府决策、优化城市治理、保障公共安全、提升服务质量等。同时，5G 将助力企业发展，提质降本增效。以 5G 与天翼云平台、PaaS 平台连接，能使企业智能连接，落地 5G 场景应用，以数据汇聚为核心理念，凝聚边缘应用生态，打造 5G 应用生态圈。提高生产效率、缩短研发和生产周期、挖掘数据价值、节约人力成本、降低能耗。在 2C 方向上，5G 将通过提供高品质的内容和终端、个性化的互动体验、高效率的教学培训以及便捷的内容获取，为用户构筑美好生活。

5G 培育新业态

北京市 2019 年 1 月份发布了《北京市 5G 产业发展行动方案

（2019–2022）》，将重点实施“一五五一”工程。“一”，即一个突破——突破中高频核心器件技术等关键环节；“五五”，即五大场景的五类应用——围绕北京城市副中心、北京新机场、2019 年北京世园会、2022 年北京冬奥会、长安街沿线升级改造等“五”个重大工程、重大活动场所需要，开展 5G 自动驾驶、健康医疗、工业互联网、智慧城市、超高清视频应用等“五”大类典型场景的示范应用，最终培育“一”批 5G 产业新业态。

中国电信北京公司聚焦北京“一五五一”工程，积极培育孵化 5G 创新应用及产业合作。5G 智慧医疗方面，与积水潭医院合作，借助 5G 超高清、低时延特性实现骨科机器人远程辅助手术；5G 自动驾驶方面，联合北汽以 5G 技术为汽车产业赋能，共建智能、网联、数字化汽车生态圈；5G 工业互联网方面，结合 5G 助力工业企业实现全要素、全产业链、全价值链的数字化、网络化和智能化升级；5G 超高清视频方面，联合央视采用 5G+4K 在央视超高清频道进行世园会实时直播；5G 智慧城市方面，借助 5G 大连接，在 503 公顷的世园会里打造烟感、路灯、垃圾桶、井盖、电瓶车、环境等多场景实时监测与融合的智慧城市标杆。

除此之外，5G+ 智慧警务：5G+ 云 +AI 实现立体智能执法能力，空地联动，情报分析指挥一体化。5G 超大带宽，支持空地一体多路移动高清视频回传；5G 对高空精准连续覆盖，支持无人机日常巡逻、应急救援。在警务云方面，5G 使单兵移动执法装备数字化，是移动执法重要助手，可提供警情共享、证件实时查询比对、人脸和车牌识别、视频通话等业务。

5G+ 智慧党建：5G+ 云 VR 实现身临其境红色教育。借助 5G 超大带宽、超低时延、高可靠性等特点，创新党性教育方式，丰富党性教育内容。第一，可实现虚拟场景教学，将海量教材存于云端，无需本地加载，通过无线 VR 眼镜即可浏览各类党建资料，体验沉浸式学习；第二，可实现三维实景漫游，通过摄像采集，获得红色教育基地实景，使用户足不出户，即可感受身临其境的实景环境，增强党性教育的感染力。

5G 打造互联生态

5G 将是引领科技创新、实现产业升级、发展新经济的基础性平台，中国电信作为国家信息基础设施的建设者和运营者，将坚定不移地落实网络强国和 5G 国家战略。2019 年是 5G 元年，中国电信将在 5G 时代围绕网络 + 连接 + 内容 + 应用，聚焦重点场景，积极发展 5G 业务，深度融合实体产业。在 5G 的创新驱动下，中国电信将进一步推动“网络智能化、业务生态化、运营智慧化”的内涵向“泛网络智能、广业务生态、精智慧运营”方向发展。这样才能提供更好的服务，挖掘出更多商业机会。

5G 是个生态的概念，网络本身无法变现，只有与实践应用场景相结合。中国电信致力打造 5G 智能生态圈，在媒体娱乐、电力、医疗、交通、警务、工业制造、智慧城市等垂直行业应用领域，聚焦 5G 重点业务，主要包括超高清视频、网络切片、VR/AR、机器人、无人机等通用业务及移动宽带、FWA、VPDN、VoNR 等基层业务。着眼于智慧家庭、互联网金融、智能连接、物联网、新兴 ICT 五大生态圈的打造。助力体验升级、消费升级。我们十分欢迎各方合作伙伴一起来打造这样的生态圈，能够最终提供 5G+ 产业 + 服务，实现创新驱动、智慧引领、产业升级、使能赋能、云网融合。让我们携起手来一起迎接更加丰富多彩的 5G 未来，全面赋能产业升级。

不管你爱或不爱 5G，5G 就在我们身边，不管你爱或不爱 5G，未来已来。

建立科技金融银行　实现金融数字化

中国民生银行信息科技部总经理，民生科技有限公司执行董事、总经理　牛新庄

技术变革在驱动整个社会，驱动数字中国，包括科技零售、科技物流，科技制造、科技教育、科技农业和科技金融。每个人都离不开金融，而金融和科技的结合由来已久。最早在 20 世纪 90 年代有会计电算化，2000 年左右全国数据大集中，再到后来有 ETM、网银，这个阶段叫金融的电子化。再到后来经历了金融的移动化，直到今天我们要面对的金融数字化。

这些年随着人工智能、大数据的发展，出现了金融科技或者科技金融。其实这是刚刚开始，下个阶段可能会走向更深层次。随着技术变革的驱动可以进入自费金融或者智能金融。今天整个银行处于复杂的经济环境、贸易环境、经济环境，以及技术变革的环境中，面临来自外部的竞争。我们希望借助这些技术来提升内部运作的效率，来改善用户的体验，减少生产运营的成本。我们希望能够更多地站在用户的角度。

2019 年，各家银行发布年报都会提到用户 + 科技，同时会提到服务。民生银行大概有 9955 台 ETM，每天 ETM 交易量少于 50 笔，现在日均交易量是 9700 万笔。这 9700 万笔中 60% 是通过微信和支付宝来实现，今天在中国六线城市都会发现二维码、微信、支付宝。很多银行也有自己的二维码，但为什么不用呢？因为没有场景，没有

流量，没有入口。最后是希望能够借助于科技的力量来重新定义金融科技。

科技金融的银行是希望借助于科技金融来做综合化经营，服务于战略民营企业。

具体来说是能够用分布式的技术，应用云计算、大数据、人工智能、区块链、物联网。同时，民生银行已经实现了分布式支付、分布式核心、分布式安全和分布式运维。同时希望利用数据来做智能营销、智能风控、智能运营和智能决策。我们也制定了民生银行的三年规划，在三年规划里希望能够快速智能，是希望效益、希望安全。过去传统银行对数据的应用远远不够，怎么样来洞察用户的需求？就像每一个人都有一个客户的画像，都有一个客户的分层，我们希望借助于数据来洞察用户，洞察用户的个性化、特色化、差异化的需求，所以我们要做好数据应用，做好数据治理，做好大数据平台。民生银行基本上是围绕着数据中台、实时数据分析决策平台和模型实验室三项重点工作，来持续完善全行的大数据建设，这也是科技金融里重要的部分。

只有很好的数据、很全的数据、很快的数据才能够为客户提供深度的服务，才能洞察用户特色化、差异化的需求。

我们建立了整个数据治理支撑体系，希望建立全行数据标准来提升全行的数据质量。这也是中国整个金融行业下一步想要提升内部经营效率和改善用户体验必做的基础性工作。也是各行各业需要共同完善所做的工作。所以 2018 年监管部门也发布了商业银行数据的治理指引，未来可能从国家层面，从顶层层面也会发布很多数据治理方面的信息。将来每一个行业的数据治理都连到一起的时候，整个社会才是真正的数字经济。

可以看到，我们把数据运用在客户营销，希望能够实现客群画像、场景推荐、差异定价，同样也用到了风险管理层面。在风险管理层面可以看到有很复杂的反欺诈模型、风险模型，可以去风险量化计价，同时也可以用到监管合规。因为我们处于强监管，同样可以看到整个战略决策的可视化、数据化、实时化。而且民生银行是小微之王，普惠金融服务中国的很多中小微企业。我们用大数据来对小微客户做区分，做更好的风险识别和定价，所以实施更灵活，方案更有个性。

贷款风评，可以更好地区分高风险贷款和低风险贷款，这是研究院的算法识别的，可以大大降低银行的风险。

同样，通过这种方式我们在三家分行上试验的结果，通过结合模型，提前预警退出高风险模型，同时主动通知避免临时性的预期，这就是技术所带来的效益提升，技术所带来的成本效益降低。

除了数据同时还有技术，我们希望遵循自主掌控核心的指导思想，使用分布式技术驱动整个技术的变革，用技术的变革再做业务。

银行里的后台架构都是 IOE 架构，民生银行在中国是第一家把架构去 IOE。过去传统一年一次性的硬件投入来支撑核心系统需要 8000 多万元，每年运维费用要 3000 多万元，用了分布式架构以后，用了华为 PC 服务器，本地硬盘，没有存储，而且数据库是和华为联合研发的，基本上成本从过去的 2 万元降到了 8 分钱，而且这个架构是可以拓展的，这是 2014 年开始做的。所以很多事情必须要看准趋势。某种意义上来说这也是金融行业系统去 IOE 架构上的一条路。由于是核心系统，我们的核心系统每天交易量将近 1 亿笔。

技术要敏捷、技术要快速、技术要迭代支持业务，但是如果没有基础架构的支持，其必要条件就是不具备的。

在分布式架构上我们解决了很多关键的问题，解决了分布式架构金融一致性的要求，是 5 个 9 的一次性，是分布式数据访问、分布式架构与服务管控、消息中心、分布式批量作业调度、分布式事务、分布式管理、分布式全局序列。

同时联合研发了分布式访问中间件，在市场上是和蚂蚁金融、百度竞争，而且支持不同的数据库，功能强大，这也是整个金融行业去分布式非常重要的一部分。

我们搭建了金融云，是面向中小银行输出框架。

民生银行提出了智能金融的概念，希望能够为客户提供更加智慧的金融服务。民生银行 2018 年 9 月 15 日成立了科技公司，成立科技公司之后推出了自己的产品体系，希望能把架构输出到中国的中小银行。

5G+8K 带来全新数字世界体验

随锐科技股份有限公司董事长兼 CEO　舒骋

大家都知道 5G 在 2019 年会试商用化，但是对于 8K，可能很多人都没有体验过。我认为大家以后在商用产品上可能会得到更多的体验。

如果您拿出手机，在 5 厘米的近距离，对着 8K 的屏幕拍摄一张照片，上面是花、草。拍出来以后没有人能看到是拿着手机拍的，微距的高清距离可以达到 5 厘米以内。8K 的显示效果非常震撼。那 8K 和 5G 结合起来以后会达到怎样的数字体验呢?

在未来普及 5G 以后，视频通信可以实现三维立体和 8K 高清，也就是像科幻电影《星球大战》一样，电光一闪，那个人的镜像会出现在你面前，但是，其实这个人实际上远在千里之外，也可以生动地出现在你面前和你通话。5G+8K 普及以后这个产品可以商用化，因为我们的原型产品已经做出来了。

数字经济有一些核心要素，数字经济也有服务对象，数字经济还有 9 个字的特点。首先需要强调数字经济的未来核心本质是什么。我认为数字经济未来的核心本质就是万物互联的智能时代。所以物联网、云计算、人工智能，再加上 5G 的核心技术，实现了万物互联的基础。基于大数据的智能分析、智能抓取、智能商业模式和技术模式的合成，那都是具体的载体。数字经济的服务对象实现了全覆盖，未来无论是个人、家庭还是组织都是数字经济服务的对象。所以基于全路径、全场景、全覆盖的数字经济正在向我们奔涌而来。很多人高估了 5G 的普及速度，认为两三年以内 5G 就会普及。我们认为五年左右 5G 达到商业的成熟化，十年左右 5G 达到生态的化学反应，这是比较合理的速度。未来的趋势之一，当 5G 来临以后，在显示领域、呈现领域，在远程的高清交互领域，8K 是绕不过去的话题。如果是 70 寸的 8K 电视，你可以在 68 厘米的范围内实现全场景、沉浸式的呈现。

中国在 8K 普及道路上最快的节点是 2022 年北京冬季奥运会。2020 年夏季奥运会在东京举行，东京奥运会上 8K 作为数字世界的载体会全程呈现，这将会是第一届 8K 奥运会。

从 2020 年起点开始，一种是 5G 直接经济投入；一种是 5G 间接经济投入。5G 给我们带来的最大不同是哪里？在手机上如果瞬间实现每秒 2G 的商业化普及速度，也就是高清 DVD 的节目，在手机上可能一秒钟左右就能下载下来。如果是这样的速度，把这个东西迭代到远程医疗、远程教育、视频通讯、增强现实等领域，它会延伸出巨大的生态链。

做一个类比，2011 年微信才出现在了我们的生活里，五年前微信支付才出现在了我们的生活里，但是今天看到的微信生态和移动支付的生态已经深深地改变了我们的生活，这只是 4G 的生态价值链和 4G 产品应用的具体表现。

过去 5G 和 8K 没有准备好，尤其是 8K 的内容匮乏和网络宽带的不能呈现，制约了 8K 的普及。有的人说中国现在 4K 还没有普及，有那么快到 8K 吗？但如果你亲眼目睹了 8K 商品原型和 8K 的商业投入，就会觉得 4K 和 2K 给人带来的震撼效果可以忽略不计。

未来观看体育比赛，玩互动游戏，以及去参与远程的教育、远程的培训，以及远程进行基于 5G 和 8K 成像平台的手续，大概在 3 年至 4 年的时间就会在周围呈现。当你戴上增强现实和虚拟现实的眼镜，可以以互动的方式在家里的茶几上看体育比赛，而远处 70 寸的屏幕会给你呈现出现场角度。

医疗、教育行业是 5G+8K 重要的呈现载体，5G+8K 服务于数字世界主要在八个方面展开，我不再赘述。

在未来的数字世界和数字社会里，中国有更多的科技企业是技术创新型企业，而不是商业模式创新型企业。更多的是自主科技和核心性科技驱动的企业，更多的是工程师和科学家来主导创建的企业。

数智时代加速各领域深度融合

润泽科技发展有限公司董事长　周超男

国家主席习近平在亚太经合组织第二十六次领导人非正式会议上表示，数字经济是亚太乃至全球未来的发展方向，我们应该牢牢把握创新发展时代潮流，全面平衡落实《互联网和数字经济路线图》，释放数字经济增长潜能。同时，我们应该加强数字基础设施和能力建设，增强数字经济可及性，消弭数字鸿沟，让处于不同发展阶段的成员共享数字经济发展成果，让亚太地区人民搭上数字经济发展快车。

数字技术革命是人类文明历史上最伟大的一场革命，这场革命比以前任何一次变革内容更宽广、成效更丰硕、意义更深刻，推动着人类向更高纬度、更高层次、更高阶段发展，建立并完善全面智能的数字社会，开创人类文明的新纪元。数字经济是随着数字技术革命而产生的一种新的经济形态，以大数据、云计算、物联网、区块链、产业互联网等技术为代表的数字技术作为数字经济产业的基石，用数字化的知识和信息作为关键生产要素、以现代信息网络作为重要载体、以信息通信技术的有效使用作为效率提升和经济结构优化的重要推动力，当人们开始更多地谈论 5G 技术、人工智能、超级算力、万物互联以及已经预见的新技术时，我们已经迈进更加广义的数字经济时代，数字技术向社会经济生活全面渗透，并成为经济增长的新动能。数字经济时代是一个严峻的时代，数字经济背景下的社会主义大厦需要每一个人的智慧、努力以及拼搏来为其添砖加瓦。

信息化的发展经历了信息的数字化（Information Digitization）、业务的数字化（Business Digitization）两个阶段，目前，正在向着数字转型的新阶段（Digital Transformation）发展。数字技术推动了物理世界、数字世界和人类社会之间的边界融合，人、机、物逐步交互融合，源源不断地产生着海量数据，蕴含着巨大的价值和潜力。数字时代创造出虚拟空间，拓展了人类社会的空间层面，犹如当年发现新大陆，由此改变了全球力量的格局。

万物互联的数字经济时代实现了人与人、人与物、物与物的互联互通，导致数据量呈现爆发式增长，庞大的数据量及其处理和应用需求催生了更加广泛的“大数据含义”，数据日益成为重要的战略资产，数据甚至被认为已经超过石油的价值，成为数字经济中的“价值体现”。数据成为推动经济发展关键的生产要素，数据被不断地分析、挖掘、加工和运用，价值持续得到提升、叠加和倍增，有效促进全要素生产率优化提升，为国民经济社会发展提供充足新动能。只要有人的活动，数据的生产就是无穷尽的，加之数字化技术可复制和共享，从根本上打破了稀缺性生产要素的制约，成为推动经济持续发展的根本保障。

数字经济时代的发展离不开算力资源，随着技术更替，尤其是移动互联网、大数据、算法、云计算等技术的升级，进一步提升了算力的应用模型，推动着人类经济加快向数字化转型。数字经济的根基是数字基础设施，在数字经济时代，数据的核心属性改变了基础设施的形态，数字基础设施成为新的生产要素。5G 技术、无线网络、云计算、宽带、云储存等信息基础设施的普及和推广，超大规模数据中心的支撑服务能力，以及源源不断创新的传感设备，都成为了数字经济产业发展的承载基础。润泽科技打造了数字经济产业的顶级服务平台，这是一个服务于数字经济产业的核心基础平台，涵盖数据中心、云平台、算力中心以及丰富多样的数据应用场景，拥有完整的生态资源及承载能力，能够为更加复杂的数字技术提供支撑环境。

有效利用数字技术是未来的大势所趋，推动实体经济与数字化深度融合发展是不变的发展宗旨，通过数字赋能扩展新的经济发展空间，促进经济可持续发展，推动传统产业转型升级，促进整个社会转型发展，逐步释放数字经济增长潜能将成为一个国家、地区乃至全球经济增长的重要支点。加速与经济社会各领域深度融合，已经成为引领经济社会发展的先导力量，也成为推动经济社会转型、培育经济新动能、构筑竞争新优势的重要抓手。例如，数字技术与制造业的融合不仅带来技术创新方面的正向整合，而且可能导致商业模式的重塑或重构，在制造业掀起数字革命。作为全球经济增长最快的领域，以数字技术为代表的新经济成为带动新兴产业发展、传统产业转型，促进就业和经济增长的主导力量，直接关系到全球经济的未来走向和格局。

数字赋能需要更加精准的契合点以及符合社会价值观的应用场景。例如，润泽科技正在打造服务于3000万卡车司机的工惠驿家项目，在各级工会领导下致力于通过“互联网+”、大数据创新应用，为卡车司机提供普惠性、常态性、精准性服务，逐步提升中国卡车司机获得感、归属感和幸福感。“工惠驿家”是典型的“数字经济+卡车司机”的项目，旨在为各级工会动员、组织、服务货运司机职工提供新的入口和高效帮助，为广大货运司机职工打造可以依靠的温暖的家；为物流货运行业高品质的良性发展，提供互联互通的优质资源共享服务支撑平台。“工惠驿家”以服务卡车司机为中心，聚合工会资源、政府资源、工惠驿家资源、其他社会资源，实现工会、企业、会员之间智能化互动，通过工惠驿站提供的停车、综合能源供给、卡车定制、汽车配件辅料供给、车辆维修、临时休息、法律帮扶、紧急救援、健康小屋等服务，打造工惠驿家线上线下融合服务生态体系。

当前，物联网的发展进入了一个新时期，即“全联网”时期，

“全联网”带来全球信息化发展的新的重大拐点。“全联网”所带来的海量的“人、机、物”数据的不同组合，将极大地推动云计算产业、大数据产业、人工智能、网络服务业的创新发展。“全联网”发展的前提和关键是在“物”上。数字经济为全社会提供广阔的创新和创业空间，提供了一个真正的八仙过海、各显神通的平台。与此同时，数字经济产业基础资源领域革命性的技术，如大数据、区块链、人工智能的发展，驱动互联网资源向万物互联演进，开启了数字产业化的新浪潮，成为培育数字经济发展的新动能。

根据古希腊哲学家赫拉克利特讲到：人一生中不可能踏入同一条河流，我们认为留住时空数据就留住了真实精确的历史。润泽科技利用天空地海时空大数据技术，加强社会大数据时空资源挖掘，通过算力中心、脱敏、加密后为社会提供数字经济应用体系供给侧的服务能力。数字技术塑造的是一个万物互联的智能世界，背后就是AI、大数据、云计算等技术支撑的新型社会模型，数字技术推进从生产要素到创新体系，从业态结构到组织形态，从发展理念到商业模式的全方位变革突破，持续催生个性化定制、智能化生产、网络化协同、服务型制造等新模式、新业态，推动形成数字与实体深度交融的新型发展模式，有效推动全球经济增长的质量变革、效率变革、动力变革。以可穿戴式智能设备为例，AR眼镜被看作继计算机、智能手机之后的又一通用性技术平台，AR增强现实给我们提供了三维画面的展示屏，给人类认识世界、改造世界的方式方法带来巨大变革，润泽科技孵化的企业正在研发生产面向未来的AR智能眼镜，用以实现虚拟现实和真实现实之间的有效互动，融合高速传输技术、识别技术、计算技术等其他技术的运用，打造服务多种生活、工作场景的创新应用，推动显示技术的深刻变革。

数字经济是中国经济提质增效的新变量，也是中国经济转型增长的新蓝海，政府、企业、社会各界都应积极进行数字经济产业布局，促进数字经济健康发展。只有深刻理解数字经济的内涵、特征与未来，才能更好地发挥数字经济的极致魅力，形成数智化跨界融合，建立起具有国际竞争力的数字技术产业体系，使数字技术成果真正惠及最广大人民群众。在数据经济时代只有通过跨界融合，才可以运用更多资源与技术为社会主义大厦服务，为人民服务，为社会服务。

数字经济时代的新实践

——“数智产业创新城＋工惠驿家”

中工服工惠驿家信息服务有限公司原总裁　陈伟

“工惠驿家”项目是国家战略的积极践行

“数字中国”是新时代国家信息化发展的新战略，是满足人民日益增长的美好生活需要的新举措，是驱动引领经济高质量发展的新动力。“新四化”，即数字化、网络化、智能化、服务化，是“数字中国”建设的基本理念。其中数字化是基础和前提；网络化是载体和路径；智能化是过程和工具；服务化是趋势和呈现。

按照习近平总书记的要求，中华全国总工会及时部署了“工惠驿家”普惠示范性项目工作，将其纳入《中华全国总工会2018年工作要点》，于2018年1月在全国范围内启动“工惠驿家”试点建设工作，首批开始试点的省和直辖市包括：北京、河北、江苏、广东、辽宁、江西、湖南、甘肃等地。

2018年6月，交通运输部和中华全国总工会联合印发通知启动“司机之家”建设试点工作。12月，为贯彻落实党中央、国务院关于加强物流等基础设施网络建设的部署，科学推进国家物流枢纽布局和建设，国家发展改革委和交通运输部联合下发了《国家物流枢纽布局和建设规划》（发改经贸［2018］1886号）。

“工惠驿家”项目是对国家“数字中国”战略和中华全国总工会、国家发展改革委、交通运输部有关部署的积极践行，一方面在各级工会领导下致力于通过“互联网+”、大数据创新应用，为全国3000万卡车司机提供普惠性、常态性、精准性服务，逐步提升中国卡车司机获得感、归属感和幸福感；另一方面，通过“数智产业新城+工惠驿家”的整体方案，以工惠驿站为内核，建设综合型仓储物流贸易中心，形成公路、铁路和航空多式联运，以生产服务、商贸服务为功能定位的物流枢纽，形成县级及以上区域内和区域间的物流产业新生态，打造区域的数字产业新城。

因此，“工惠驿家”是典型的“数字经济+卡车司机”的项目，为各级工会动员、组织、服务货运司机职工提供新的入口和高效帮助；为广大货运司机职工打造可以依靠的温暖的家；为物流货运行业高品质的良性发展，提供互联互通的优质资源共享服务支撑平台；为县域经济的数字产业发展提供新引擎。

“工惠驿家”项目内涵

“工惠驿家”项目一方面属于公路运输和物流行业的数字化实践；另一方面也是“数字中国”战略在区域的创新实践。

全国公路运输行业创造的价值占全国GDP12.6%，达9.38万亿元；全国共有卡车司机3000万名，占全国货运从业人员的90.4%，卡车数量总和为1760万辆。据调研，物流货运行业企业经营户仅占全行业的8.5%，卡车司机加入工会的比率不足5%。

卡车司机普遍存在五大痛点：第一，缺少组织关爱和归属感；第二，高强度、高风险、高疲劳的工作状态；第三，油价高、空驶率高、贷款成本高等带来的高成本、低效率；第四，缺乏基本的社保，必要的劳动保护和安全保障；第五，缺少法律援助和政策帮扶。

“工惠驿家”项目坚持“一中心、四结合”的理念，即坚持以卡车司机为中心、组织和网络相结合、政府和市场相结合、线上和线下相结合。

“工惠驿家”项目在各级政府和工会领导下，以服务卡车司机为中心，聚合工会资源、政府资源、工惠驿家资源、其他社会资源，实现工会、企业、会员之间智能化互动，通过工惠驿站提供的停车、综合能源供给、卡车定制、汽车配件辅料供给、车辆维修、临时休息、高压氧舱、学习上网、法律帮扶、紧急救援、健康小屋、公共洗手间等服务，打造工惠驿家线上线下融合服务生态体系，为卡车司机提供普惠性、常态性、精准性服务。

同时，基于“工惠驿家”驿站的规划建设，大力探索和发展物流行业的新业态、新模式，结合试点建设地方的产业发展需求和特色，打造“数智产业新城”，围绕公路、物流主要通道，建设包括工惠驿站、集约化数智物流分拨共享服务平台、仓储贸易 + 跨境电商 + 自贸区 + 购物、地下接驳通道等。使所有进入地方的生产资料、生活资料、最终消费产品和从地方出去的生产资料、生活资料、产品都能在数智产业新城汇聚，完成相应的交易、结算后再分发运往具体目的地。数智产业新城既为实现公路、铁路、航空多式联运形成高效、集约化物流枢纽，有效降低物流成本服务；又为相关大卡车司机职工提供更全面综合的工惠驿家普惠性服务。

“工惠驿家”是一项政治性、公益性极强的项目。在“工惠驿家”平台上，对于所获得加油、ETC、保险、车辆（购置、租赁和维修）等卡车司机生产和生活相关的各类服务的优惠部分，一律采取“811”原则进行分配。即：所获优惠的 80% 返还给货运司机本人，所获优惠的 10% 用于建立卡车司机职工会员救助机制，所获优惠的 10% 用于日常运营。据估算，平均每年可为每辆卡车节约 5 万元。

“工惠驿家”项目建立了“会、人、车、货、路”五位一体的总体架构，通过互联网推广手段，鼓励卡车司机在县级以下建立行业工会，让卡车司机都能加入工会组织，成为工会职工的一员，以职工身份更好地享受“工惠驿家”平台上的各类服务。同时，基于云计算、大数据、新一代移动通信技术、物联网、人工智能等新一代信息技术的综合应用，为各级工会、卡车司机和货运物流行业提供大数据分析、应用服务。

“工惠驿家”项目正在全国多领域多区域蓬勃推进

2018 年以来，作为“工惠驿家”项目的承载推动者，中工服工惠驿家信息服务有限公司（简称中工服工惠驿家）积极与国际国内领军的加油、卡车制造、移动通讯等领域的服务提供商签署了战略合作，致力于为卡车司机提供线上线下融合的服务。

在加油服务领域，2018 年 8 月，中工服工惠驿家与中化石油总部签署了战略合作协议，双方正在油品以及非油品业务开展合作，涉及撬装加油及加油站两类；2019 年 8 月，中工服工惠驿家与中国石油北京销售公司签署了战略合作协议，双方正在积极开展多维度、深层次合作，为卡车司机提供普惠性精准服务。

在卡车定制和销售领域，2018 年 12 月，中工服工惠驿家与戴姆勒卡客车（中国）有限公司（简称奔驰卡车）签署了战略合作协议，奔驰卡车与中工服工惠驿家正在新一代卡车定制化、车联网、货车司机大数据等方向开展深度合作，通过“工惠驿家”项目，在交通网逐步建设新一代驿站，针对人、车、路、货提供全方位综合解决方案。

目前，“工惠驿家”试点建设工作正在河北、湖南、甘肃、浙江、山东等多地快速推进。

在湖南省，中工服工惠驿家已与衡阳、衡南、郴州、宜章等六个地县政府签署了战略合作协议，以衡阳市为代表的市委市政府将工惠驿家项目作为调整经济结构、转变发展方式、优化提升经济竞争力的重要抓手，大力合作开展数智产业新城和工惠驿家建设，中工服工惠驿家的中南总部已经于 2018 年 12 月举行了开工奠基仪式，衡阳市 15 个驿站正在选址之中，各地建设正在蓬勃开展。同时，中工服工惠驿家与衡阳市总工会签署了战略合作协议，双方共同大力推进卡车司机入会、互助保障、帮扶救助等服务，2018 年 10 月，衡阳农民工暨“工惠驿家”货车司机集中入会仪式在衡阳隆重举行，首批数百名卡车司机加入衡阳市总工会，预计到 2020 年底，当地卡车司机入会率将达到 90% 以上。

在甘肃省，“工惠驿家”试点项目得到甘肃省委常委、兰州市委书记李荣灿同志的高度重视，2018 年 10 月，中工服工惠驿家与兰州市政府、兰州新区管委会签订了战略合作协议，同时，兰州市政府成立了“工惠驿家”系列项目协调领导小组，先后 4 次召开协调会议，项目开展和落地得到了强有力的政策、资源等支持，兰州市将 18 个加油站交给工惠驿家按照智慧物流新城和工惠驿家驿站建设的理念来具体落地建设。

在河北省，“工惠驿家”项目被纳入了 2018 年河北省战略性新兴产业示范基地，列入了廊坊市 2018 年的政府工作报告，得到了河北省和相关地市的大力支持。2019 年 1 月，中工服工惠驿家与河北好望角物流公司签署战略合作协议，合资成立了中工服工惠驿家河北信息服务有限公司，正在河北正定、邢台开展数智物流产业新城项目；同时，中工服工惠驿家也向河北省总工会建议，把“司机之家”试点和“工惠驿家”驿站二者建设有效地合二为一，减少重复建设，有效地利用各种资源为卡车司机提供优质服务。

“工惠驿家”项目推进在多个领域和多个区域已经取得了突破性进展，并于 2019 年 5 月在工业和信息化部组织的年度“大数据优秀应用解决方案和优秀案例”评选中从 1706 个申报方案和案例中脱颖而出，以不超过 5% 的最终入选率成功入围，被评为交通物流领域的“大数据优秀应用解决方案”。

在数字经济新时代，中工服工惠驿家将持续承担为卡车司机群体提供普惠服务的社会责任，积极探索“数字中国”战略在我国区域落地的新模式，奋力谱写新时代公路货运产业发展新篇章。

智慧城市与数字经济

浪潮集团有限公司执行总裁　王柏华

近二十年，城市化进程为中国经济发展注入了强大的动力，也为世界经济发展带来强劲的动能。我们有理由相信，未来 20 年新型智慧城市的建设，将为中国经济提供新的持续发展的动力，并将进一步满足人们对美好生活的追求。

城市既是人的聚集，更是产业的集聚。智慧城市是数字经济发展的一个核心的载体，新型智慧城市的建设应该跟数字经济的发展是一脉相承的。浪潮通过多年来的探索实践，总结了发展数字经济的五个抓手，即“一朵云、一个数、一个口、一个运营商、一个生态”，并建立了“搭平台—理数据—强应用”的方法论。

“一朵云”即政务云。智慧城市建设过程当中，云计算是一个重要的基础。过去我们建设数据中心时，主要是满足政府内部公务员的需求，所以不需要云计算和云数据中心，只要有个机房，有些物理设备就可以了。现在的数据中心不仅仅只为公务员服务，更要为老百姓服务，要为智慧城市的各类终端连接服务，对城市计算力的要求更加强劲，所以需要云作为基础设施，要能够支撑未来高强度的弹性计算需求。智慧城市是以地市为边界来进行建设，因此每个地市都要有一朵云，以支持未来人工智能、5G、物联网、自动驾驶等的需求，所以说云计算是建设、发展智慧城市的第一步。

浪潮自 2010 年率先提出政务云概念，并于 2011 年在济南建设了全国第一个政务云。截至目前，正为 20 多个省本级政府、120 多个地市政府提供政务云服务，共有超过一万个政府部门的 4 万多个应用迁移到政务云平台运行，为全国 245 万公务员提供便捷服务，造福 4.7 亿老百姓。

“一个数”即大数据。云之上有数据，数据之上才能有智慧，没有数据，云也发挥不了作用。在数据当中最有价值的是政府数据，数据要治理，数据要共享，数据要运营，数据要支持人工智能的发展。

首先，政府要拿出资金来进行数据治理，数据治理本身就是个大的产业，是能带动百万级甚至千万人就业的一件事，治理好的数据才能支持各种大数据应用，因此，我认为要把数据治理定位为智慧城市发展的一个核心基础性的工作去推动。

第二，政府数据要共享，没有数据共享的“放管服”，只是简单的流程再造，无法实现零跑腿，谈不上让老百姓有获得感，甚至可以上升到影响城市竞争力的层面。企业间有竞争，地方政府在发展产业方面也有竞争。过去我们是土地招商、环境招商，现在“数据资源与数据环境”将成为城市竞争力新的指标，这就叫“以数招商”。

第三，政府数据要拿出来交给第三方运营，释放数据的活力，推动大数据产业的发展。在这方面济南市政府率先投入实践，将政府数据交给浪潮运营。2018 年 4 月 27 日，国家卫生健康委、山东省、济南市授权浪潮开展健康医疗大数据运营，浪潮成为全国第一家政府数据授权的企业，开创了政府数据从共享、开放向授权运营升级的先河。在国家卫生健康委和省市卫生健康委支持下，过去一年多，浪潮集团承建省市北方中心大数据资源汇聚、平台建设和产业发展工作，先行先试，将济南打造成全国第一个实现全量数据资源汇聚、能对外提供数据服务的城市，并实现了省市和各级医疗机构的互联互通，牵头制定了健康医疗信息安全标准与北方中心大数据集试点标准，面向政府、居民、医疗和企业提供大数据产业化服务，不断提升居民医疗服务获得感、幸福感。当前，健康医疗大数据产业每投资 1 元，就会产生 30 元的大数据产业价值，同时拉动 300 元的医养健康产业链价值，带动 182 类医养健康产业。山东和济南正在引领健康医疗大数据产业，走在了全国的前列，可以说“杭州有电商，济南有健康”！

政府的数据还要支持人工智能产业的发展。人工智能的核心点，一是人工神经网络算法，现在全球有几个比较成熟的深度神经网络算法框架；二是人工智能计算，现在浪潮的服务器做到了全球前三，云服务器做到了全球第一，在 AI 服务器领域，浪潮市场份额超过其他厂商的份额总和；三是大数据。对此有三个建议：第一，地方政府要搭建人工智能公共服务平台；第二，大数据协会要把公共数据共享出来，开放给企业使用，同时支持从事人工智能数据标注的企业；第三，发展人工智能应用，带动人工智能产业的发展。

“一个口”即统一的城市公共服务入口。这个统一入口既是公众参与平台、又是政民互动平台、也是自服务平台，将社会治理与社区服务有机结合。浪潮通过整合政府授权数据和社会分散的服务资源，打造了连接市民与政府的一站式公共服务平台“爱城市网”，围绕市民需求，快速接入政务服务、公共服务、金融服务、健康医疗、质量链、民生互动、社会服务等惠民服务，已在全国 59 个城市推广，用户近 1000 万。

“一个运营商”即智慧城市运营商。智慧城市建设要有科学的顶层设计，要从规划、融资、建设、运营四个方面打造智力生态、资本生态、供给生态、服务生态。浪潮深耕智慧城市研究，依托城市感知平台、视频网联平台、交通大脑平台三个核心技术平台，汇聚产业生态，建设具有中国特色的新型智慧城市。2019 年 4 月，在济南市委市政府领导下，由浪潮建设运营的济南新型智慧城市在 700 多个开展智慧城市建设的城市中脱颖而出，获评全国智慧城市“十大样板工程”。如今浪潮正积极联合生态伙伴不断整合、丰富智慧城市解决方案体系，已为济南、娄底、鹰潭等 30 余个城市提供智慧城市运营服务，并在全国 100 多个城市开展智慧城市建设业务。

最后是“一个生态”。互联网最重要的思维是“平台 + 生态”，浪潮以赋能者为定位，致力于成为“云数智”的新型互联网企业，把自己的云、大数据、人工智能平台交给我们合作伙伴来使用，共同拓展产业生态。我们希望在平台 + 生态方面继续跟社会各界加强合作，持续创新，能够为经济社会发展贡献我们一点小小的力量。

以智能化手段实现教育现代化

河北省廊坊市人民政府总督学　许红伟

我国教育信息化发展进程经过了三个阶段：第一个阶段教育技术化，第二个阶段教育信息化，第三个阶段教育智能化。目前，我们国家还处在从教育技术化向教育信息化迈进，仍然没有全面完成教育信息化的转变，但是教育智能化时代已经来临。如何解决好教育信息化问题，跨越这个阶段，向教育智能化发展，是当前乃至今后一个时期我们国家教育发展必须面对的问题。

那么，如何配合好国家教育强国的战略规划，让 AI 产品、超级计算、大数据、区块链技术等这些信息化手段与教育深度融合，迸发出火花助燃教育发展，尽快推动教育智能化；如何让冰冷的大数据活跃起来，促进教育质量的提升，助推我们国家整体的下一步发展，这些困惑时时困扰着我们，但是面对和解决这些困惑也是我们这一代教育人的使命与担当！

早在 2018 年 4 月 13 日教育部就出台了《信息化 2.0 行动计划》为未来教育信息化的发展做了方向性引领，2019 年在全国又开始建设“智能教育示范区”，先行先试。但是我们的基础教育显然还没有做好准备，还停留在义务教育均衡发展阶段。如何利用大数据产品助推义务教育优质均衡发展，我们一直在探索的路上。2018 年 10 月 19 日，京津冀三地教育行政部门在河北省廊坊市成立了“京津冀大数据教育区块链试验区”。试验区成立以后，我们积极组织智力资源做了几个方面的尝试：

第一个尝试是我们利用大数据的特性和教育区块链技术，开发了教育质量监测系统，开展以教育部课纲为统领，结合 OECD 组织的 PISA 测评理念为思想的新测量评价模式。目的就是要运用大数据和区块链技术，配合义务教育优质均衡发展，对我们学生的综合素质和能力素养进行测量和评价。通过对学生的测量与评价结果应用，真正打通学生综合素质提升的“最后一公里”。通过学生综合素养提升的过程来改善学校的教育教学质量，也为政府制定教育政策提供可靠的依据。现在，我们已经利用开发的系统和开发的工具对河北省廊坊市十一个县（市、区）基础教育进行了两次监测，效果非常好。

第二个尝试是我们开发了教育大数据学习平台，解放学生，特别是解放老师。让学生和老师们从重复性和机械性工作中解脱出来，有更多的时间和精力能够参与到教育科研工作中，从而为教育质量向更高层次提升做好智力资源储备。

第三个尝试是我们正在积极建立学信大数据库。打造基础教育的学习征信系统，完整地跟踪学生在基础教育阶段的学习成长经历，也为新高考改革的考试模式“3+1+2”，以及新的录取方式“两依据一参考”数据的记录做了完整和真实的档案储备。学习征信系统可以为学生和家长未来选课和选专业提供参考依据；为高校录取学生确定专业提供参考；为学校改进教育教学提供数据支持；为教育行政部门政策决策提供依据；为政府未来打造诚信社会提供第一手资料！

第四个尝试是利用区块链技术打造高质量的教学资源分享平台。教育不均衡，很大一部分原因体现在教育资源的不均衡上。我们可以看到在全国某些教育发达地区所产出的一些高质量教学资源，包括复习讲解、习题试卷、微课视频等，这些资源往往无法覆盖到所有地区，获得的难度和成本也相对较高。我们将利用区块链技术对优质教学资源进行管理，包括质量管理、版权管理、费用管理，确保资源开发者的权益，同时也将资源进行无边界的一定程度上的有偿分享，这样既保证了资源创作者的利益和创作动力，也保证资源得到最大限度地使用，形成创作—分享—使用的良性循环。

当然，我们还做了其他一些有意义的研究和探索。数字化时代，作为教育工作者我们一直努力跟上时代的步伐，不忘初心，奋力前行。

大数据支持中医药事业创新发展

北京东方灵盾科技有限公司董事长　刘延淮

大数据时代，每天都会产生大量的数据。同时，在人类社会活动当中研发、生产、交易中间也积累了非常多的数据。大数据的战略意义，不在于掌握了庞大的数据信息，而在于对那些含有意义的数据进行专业化处理，使之成为一种大资源。

中药领域里面数据非常复杂、非常庞大，从古到今积累了大量的古籍、古方、验方，而且有很多临床数据和科技文献、市场信息、专利信息。怎么样能够把这些数据进行整合来创造价值呢？借助当前高技术手段的帮助，我们就能够重新审视，预测这味药未来的发展趋势，乃至预测中医药的未来发展。

习近平总书记讲："要深入发掘中医药宝库中的精华，推进产学研一体化，推进中医药产业化、现代化，让中医药走向世界。"国家也出台了一系列支持中医药发展的政策文件，使中医药发展上升为国家战略，中医药事业进入新的历史发展时期。

然而当前，我国中医药发展依然面临着较为严峻的挑战。世界上中药的市场已经超过了1000亿美金，而中国中药的出口还不足5%，大量中药优质秘方、验方被流失，甚至上千的古方验方被国外公司抢注专利。

那么，如何较为有效地保护我国中医药创新发展呢？专利文献作为技术信息最有效的载体，囊括了全球90%以上的最新技术情报，

70%—80% 发明创造只通过专利文献公开，专利文献包含了世界科技技术信息的 90%—95%，可以节约 60% 左右的研究时间和 40% 左右的研究经费。

通过建设基于完全自主知识产权的国际先进水平专业化技术创新情报支撑系统 Lindenpat，能够很好地进行专利信息查询，避免大量侵权以及重复研究造成的人力、物力、资金的浪费。

Lindenpat 作为智能化世界专利检索统计分析系统，是 2013 年科技部国家科技支撑计划《基于产业链整合和业态创新的知识产权信息一站式服务平台》项目的主要成果。

Lindenpat 数据资源丰富，包含有 1836 年至今 105+ 个国家及地区的专利 1.2+ 亿专利题录数据、64 个国家和地区的 7000 万专利全文数据，除此之外还包括同族专利数据、引证数据、法律事件数据，以及 18 个国家和地区的优质英文翻译，每周至少 1 次数据更新。

检索功能强大。Lindenpat 不仅具有表格和逻辑组配检索、化学结构检索、图形检索、蛋白质和基因序列检索、法律状态和同族专利和引证检索等功能外，还能够提供多统计量的统计分析、多维分布分析、生命周期分析、专利著录项目与全文下载、专利数据标引加工、专利数据批注等功能服务。

另一方面，东方灵盾独立研发具有自主知识产权、深度加工的世界传统药物专利数据库 WTM（World Traditional Medicine Patent Database），是中国第一个且唯一一个由企业为世界知识产权组织（WIPO）提供专业化的专利数据库服务，通过 WIPO 的官方网站向世界 158 个国家提供专业化服务。

WTM 数据库收集了 1985 年以来 23 个国家、地区和国际组织的天然药物的专利信息，具有多语种、同义词、化学结构等专业化的检索分析和数据挖掘功能，并且制定了天然药物唯一编码系统，有效支撑高效率低成本新药研发和创新设计。

鉴于东方灵盾多年来在专利信息运用领域的不断投入与付出，得到了世界知识产权组织的认可和支持。2019 年 4 月 24 日，世界知识产权组织总干事在北京举办授牌仪式，将东方灵盾作为首批世界知识产权组织在中国的技术与创新支持中心（TISC）之一。

同时，东方灵盾和中医科学研究院共同承担了科技部 2017—2020 国家重点研发专项《大数据驱动的中医智能辅助诊断服务系统》。该项目综合采用大数据、知识工程和人工智能技术，以研发“中医智能辅助诊断服务系统”为目标，围绕中医药的“辨证论治”和“整体观”思想，依托大数据重建知识体系、探索与发现中医药规律，采用人工智能技术创建中医大脑，实现基于辨证论治的个性化诊疗，解决看病难、看病贵、误诊率高的问题，造福人民健康。

基于上述努力和成果，东方灵盾目前正在开发研制世界本草平台，对每一类天然药物都进行分类学、资源学、天然药理学产物分析，形成一个新的世界天然药大典——世界《本草纲目》，以此将为人类的健康事业做出重大贡献。

大数据助推企业创新发展

重庆八戒网络股份有限公司副总裁　周勇

最近数字经济、智能化、大数据成为热点话题。数字经济给猪八戒网带来的不仅是生活场景的改变，也是将来整个组织场景和事业场景的改变。猪八戒网在做其中一项工作，基于大数据企业创新的内容，猪八戒网作为一个互联网公司就是一个大数据企业。猪八戒网开创式地为人才与雇主搭建起双边市场，通过线上线下资源整合与大数据服务，实现人才与雇主的精准无缝对接。

猪八戒网不仅为人才匹配全球商机，而且还凭借自身专业孵化能力为每一位人才赋能，帮助他们突破时空限制，最终实现“我在猪八戒，服务全世界”。同时，猪八戒网通过整合平台专业人才资源，输出了完整的“互联网＋行业”解决方案，让雇主可以在平台上“找专业人做专业事”，进而专注于自身核心业务、提高工作效率。截至目前，猪八戒网现在平台共享人才数（服务商）为 1400 万，并在全国 25 个省份近 70 个城市建立八戒工场园区，以线上线下资源共享的方式服务区域经济。

公司主要有三个方面的特点。第一，猪八戒网是一个创意的公司，因为猪八戒网做了 13 亿人的服务交易。第二，猪八戒网平台上的业务基本上覆盖了中小企业发展的全生命周期。第三，因为猪八戒网有为中小企业提供服务的能力，所以猪八戒网成为国家的双创示范基地。猪八戒网是一个大数据企业。大数据企业的一个前提是数据多，更重要的是这个数据一定要活。有人说政府掌握了很多数据，但基本上不能称之为大数据，因为它是沉淀下来的，未可知的数据。大数据一定要活，一定要真实、可信，产生的场景或者说画像才真正能够实现猪八戒网所需要达到的状态。

猪八戒网的大数据，13 年的数据非常多，猪八戒网沉淀下来的大数据有两类：一类是所有雇主的需求数据，大概上亿个订单所留下的需求数据、产品数据。第二个数据其实就是在满足需求过程当中产生的，例如服务商的能力数据和他的行为数据。

猪八戒网基于大数据做了两件事情，一个是精准画像，数字画像，包括建立数据库和数据匹配两个步骤。建立数据库，即为客户“画像”。卖方的工作经历、成功案例、服务类别等基础信息，加上投标数量、中标数量、成交率、客户评价、月收入等交易信息，会自动生成一个定量的记录。同理，买方的年龄、学历等基础信息，和需求偏好、诚信度等交易信息，也会生成一个记录。第二，猪八戒网在生成所有提供服务商的能力画像。猪八戒网匹配的不是人和人，而是能力和需求，这非常符合数字经济平行上面那个世界的场景。上面世界没有人，上面只有能力和需求，所有人在下面。猪八戒网就是基于这两个数字画像做精准匹配，这是猪八戒网 13 年的大数据带来的核心内容。

基于这个内容，猪八戒网做了两个数字创新，在 2016 年的时候实现，就是猪八戒网不仅仅依托雇主需求的交易来获取猪八戒网的收益，更多的是基于对于雇主和服务商的理解，做延伸的服务来获取收入，这就是典型的大数据服务的引领模式，比如八戒知识产权，八戒财税等。实实在在地带来猪八戒网的快速发展。

第二，猪八戒网基于前面的延伸服务，猪八戒网现在基本上能够做到围绕中小企业的全生态服务类别安排，猪八戒网已经开始做中小企业基于数字化的创新发展，数字化以后，只要他用猪八戒网，他所有的系统慢慢会迁移到云上，习惯于用互联网来获取他所要的能力或订单，并且在猪八戒网平台上完成这个任务，他会转变成云上企业，然后猪八戒网会带他做新的创新发展。

用猪八戒网自身的数字化发展看两个模式创新，自身的发展创新和为中小企业转型发展的创新。猪八戒网也看未来的发展场景，数字经济 2018 年占 GDP 的三分之一，并且有很好的基础，一个是宽带网，猪八戒网的基础在全球最好，使用人群在全球最大，同时猪八戒网看到了数字经济为传统经济带来的创新发展的机会，例如降本增效，这个基本上做不到，但是通过数字经济，猪八戒网现在做的就是如何又能够降本又能够增效，社会未充分利用资源能力的发挥。

猪八戒网研究了四个场景，一个场景是未来的就业，大量的、绝大多数的知识工作者、创意工作者是不会被一个公司雇佣，他会习惯于在平台上就业，这种就业本身就是个人价值最大化、知识价值最大化的体验。猪八戒网设定了三个主体，自由职业者、大学生、在体制内、机构内的人员。

第二个场景，猪八戒网作为国家双创示范基地，最重要的是平台能够为创业者提供一个宽松的创业环境，做他擅长的事情，这样猪八戒网真的能让创业简单，让成功比较容易。创业者为什么会死在创业的路上，是因为他没有得到资源，猪八戒网能为所有的创业者提供他自身之外的能力和资源，这也是猪八戒网跟地方政府大量探讨做双创示范基地的核心和能力，当然不是一定要上市才是成功，小而美也是非常的成功。

第三是做虚拟企业，猪八戒网认为，未来所有企业是虚拟企业，只保住自己的核心内容，只要养自己核心的团队，其他外围的组织都可以给他平台提供。这个就是降本增效，他可以去掉一大部分的外围人员，降低固定成本，让转型变得非常容易。

第四是做柔性产业，猪八戒网区域经济打造的是如何让你的产业链拉长，在你要素资源不健全的情况下如何在你想做这个产业时，在这个地方存在下来，让广东的服务资源服务新疆，猪八戒网和新疆发改委做了一个平台，就是把外地的这些资源用好。要顺应这个形势，猪八戒网平台一直在努力并且跟地方政府一直在做的是要鼓励传统的中小企业数字化转型，否则他们会被时代抛弃。第二，通过猪八戒网平台的能力让所有的经营活动互联网化，让他成为数字企业，才有可能搭上数字化的车。

猪八戒网为中小企业提供数字化服务，基于大数据创新提供的能力展现得很清晰，这边是雇主服务的体系，那边是提供能力服务的体系，通过双边，不断地挖掘雇主的大数据，将来绝大多数雇主的需求是通过猪八戒网对大数据分析，主动安排出来的能力匹配。在人才方面，猪八戒网是不断看到自身不足，告诉你应该补充哪些能力才能满足更复杂的需求，通过双边不断升值，形成同一个内容体系里头不同群之间的相互带动促进，共同发展。

这里面有一个非常简单的工具，叫火眼金睛，它可以查任何公司的健康度，这个数据是真实的，但是不一定是完整的，它的数据来源于三个方面，一个是平台沉淀下的数据，一个是抓取来的数据，一个是地方政府愿意给猪八戒网提供的部分数据，猪八戒网自身是无法突破十几个部门的技术壁垒的。

这是 8 个维度的健康度体察，基于这些维度猪八戒网大概形成了一些板块，例如，猪八戒网在做一个创新要素资源的匹配，做了一个真实的创新资源平台，2019 年猪八戒网拿了科技服务创新平台的研究课题，是一个真实的平台，猪八戒网希望把各行各业的要素资源通过系统化地匹配精准地服务于行业，猪八戒网都是跟全社会合作，跟传统龙头企业合作，打造更加清晰、专业化、个性化的应用场景。这是面向中小企业全生命周期的服务，猪八戒网所有的服务都在线上，这样中小企业才能享受到大数据服务的便利。

另外，猪八戒网跟地方政府打造基于平台的产业服务生态，所有产业实现互联网化，真正转变成为数字经济背景下特色优势的产业。猪八戒网希望所有的企业通过这种平台化的服务能够把自己做轻，首先是人少了，就可以轻管理，然后通过平台上互联网的运营，让自己的运营轻起来，小步快跑，实现中小企业高质量的发展。猪八戒网也跟地方一起搭建中小企业上云、数字化转型、互联网发展的平台，猪八戒网搭平台，政府可以出一部分资金帮助当地的中小企业买单的云上服务，帮助大家真正实现自己的互联网发展，这就是猪八戒网基于大数据基础上创新服务的一种体会，也愿意跟政府、银行、企业等各方面的专家，一起为营造未来真实、美好的平行世界而努力。

数字经济推动空间信息产业发展

中国遥感应用协会常务副秘书长　卫征

“十二五”以来，在国家国防科技工业局（国家航天局）指导和组织实施下，在国家民用航天、空间基础设施、高分辨率对地观测系统重大专项等重大工程推进下，我国以遥感为核心的空间信息获取能力极大提升，并基本实现了部委和省（区、市）级工程化、业务化应用，成为新时代助力数字经济创新、发展空间信息产业的强大动力。

数字经济国内外发展情况

根据工业和信息化部2016年发布的《大数据产业发展规划（2016–2020年）》，大数据产业指以数据生产、采集、存储、加工、分析、服务为主的相关经济活动，包括数据资源建设、大数据软硬件产品的开发、销售和租赁活动，以及相关信息技术服务。

在此基础上，认为数字经济是以数据为核心关键要素所驱动的经济形态，以数据生产、采集、存储、加工、分析、服务为内涵的经济形态，通过促进政府、企业、个体等前所未有的关联和交互，不仅立足于有效降低实体经济成本和损耗、提升效率、促进供需精准匹配，而且着力激发新业态新模式，推动经济向形态更高级、分工更精准、结构更合理、空间更广阔的阶段演进。随着人类社会的高度信息化发展，大数据应用及其相关产业正成为全球IT行业发展的强劲增长点，也成为我国和世界发达国家与地区高度关注、大力鼓励支持的重要发展领域。相关数据显示，数字化程度每提高 10%，人均 GDP 增长 0.5% 至 0.62%。我国自 20 世纪 90 年代以来，以大众信息消费为牵引，成功走出了创新服务模式、提升用户体验、扩大运营规模的消费级数字经济发展路子，形成京津冀、长三角、珠三角等数字产业集聚发展区，总体发展速度和不少产业方向领先全球。

根据中国国家互联网信息办公室发布的《数字中国建设发展报告（2017 年）》，2017 年我国数字经济规模达 27.2 万亿元，同比增长 20.3%，占 GDP 比重 32.9%，成为驱动经济转型升级的重要动力引擎；信息消费规模为 4.5 万亿元，同比增长 15.4%，为同期最终消费增速的 2 倍左右，占最终消费的比重达 10%，对 GDP 增长贡献超过 0.4 个百分点；移动支付交易规模超过 200 万亿元，居全球第一；网络零售额达 71751 亿元，同比增长 32.2%，跨境电子商务同比增长超过 30%；农村实现网络零售额 1.24 万亿元，同比增长 39.1%；共享经济市场交易额约 4.9 万亿元，比上年增长 47.2%。

根据中国国家互联网信息办公室发布的《数字中国建设发展报告（2018 年）》，2018 年我国数字经济规模达 31.3 万亿元，同比增长 15.1%，占 GDP 比重 34.8%；电子商务交易额 31.63 万亿元，网络零售额超过 9 万亿元。长三角、京津冀、粤港澳等区域信息化协调发展，区域数字经济增长极正在形成。

从超级独角兽企业的发展态势看，我国也在迅速领先全球。2017 年 6 月份，美国有 8 家超级独角兽企业，我国则有 7 家，而且基本都是大数据服务商，如蚂蚁金服、大众点评、今日头条等。到 2018 年，我国已反超美国、拥有 13 家超级独角兽企业，而美国是 12 家；而且企业估值的前五名基本都是我国的大数据服务商，13 家企业的估值总量更超过美国一倍以上（我国 5506 亿美元，美国 2766 亿美元）。这表明了我国的数字经济正在迅猛发展，也在不断创造巨大的风口和契机。

空间信息产业与数字经济

在我国消费级数字经济迅猛发展的背景下，要把握空间信息产业的发展方向，需要深入研究遥感的大数据特性。首先，遥感是具有大数据的通用特征，即 IBM 提出的 5V 特点，包括数据量（Volume）、数据种类和来源多样化（Variety）、数据价值密度相对较低（Value）、数据时效性要求高（Velocity）和数据质量保障（Veracity）。第二，是遥感自身的宏观、真实、海量、多源等特性，而且信息密度高，蕴含丰富的几何、光谱、时间等信息，需要利用更高科技含量的手段进行数据挖掘、信息提取和分析，以便形成各种专题产品和打通数据变成信息、信息变成知识、知识变成智慧的转化链路，并迅速从 TB 级向 PB 级、EB 级、ZB 级等更大数据量发展。空间信息新型大数据的应用，更侧重于围绕“群体性”信息消费需求（如绿色发展、防灾减灾等），开展以提“质”为核心的定量化服务（如资源精准勘查、管理精细化等）。

对于空间信息产业的理解，从狭义而言，是基于天空地一体化数据获取、对地球系统的定量化感知（如目标特征参数提取、有关参数反演等）、大数据运营以及多学科交叉、多领域集成的高技术服务业，利用各种通用终端（如智能手机、iPAD 等）与通用网络条件，为用户提供空间信息咨询服务；从广义而言，是立足于空间信息获取与传输能力和空间信息处理与应用能力产业化的高新技术产业，包含卫星应用产业、地理信息产业等，与大数据产业互为支撑。

我国发展空间信息产业，既要以发挥市场配置资源作用、树立企业主体地位为导向，更要充分发挥政府主管部门的统筹协调作用，尤其要面对国内外各种压力，尽快构建能够合理、高效地发挥市场配置资源作用、降低企业成本和提高收益（预期）的产业环境，成为一个我国自主可控、自行有序运行的开放的巨系统。只有成为巨系统，才能充分发挥遥感多学科交叉、多领域渗透、多维度服务的优势，并将广大用户需求，众多参与者的资源和利益诉求等有机融合和有力凝聚起来，确保有总体有部分、有顶层有步骤、有组织有约束、有分工有协作，并为开放奠定基础。只有开放，才能在全球化、市场化、信息化的环境中，积极吸纳各种外部积极要素（如先进技术、高端数据、优势资本等），转化成为我所用的有利因素，形成保障可持续发展的强大动力。我们不仅要推动航天遥感迅速向市县和乡镇中基层政府部门和大众扩展，也需要务实发展轻小型专用终端乃至智能手机等通用终端层级的各种服务。

中国遥感应用协会与空间信息产业发展

中国遥感应用协会成立于 1992 年，是我国遥感领域唯一经民政部批准登记注册、国家国防科技工业局（国家航天局）主管的国家一级科技类社会团体，也是中国科学技术协会的团体会员，主要从事国家和地方遥感发展规划研究，我国自主遥感卫星应用推广，遥感应用技术交流和科普、人才培养、促进相关产业发展等工作。在习近平新时代中国特色社会主义思想指引下，协会积极贯彻落实国家大数据、军民融合、京津冀协同发展等重大发展战略和导向，遵循“服务会员、回报社会，强化应用、促进产业，推进合作、扩大交流”的指导思想，不断完善治理结构，积极调动各种力量共同加强遥感行业自律和规范经营，确保遥感相关重大科技成果有效转化、应用推广和商业开发，推进我国空间信息应用的工程化、业务化和产业化进程。

协会正积极与各省（区、市）加强联系，推动省级相关重大规划、行动计划、政策措施、专项工程等部署和启动，以便为广大会员（单位）和企业创造发展机遇和增长空间；同时，也积极团结地方学会和协会、科研院校、商界媒体等，共同构建“纵横交错、多维加密”全国运营服务网，共同为我国的空间信息产业发展提供强大新动能。

遥感应用学与遥感大数据研究

燕山大学　王蕊

中国科学院遥感与数字地球研究所　余涛　顾行发　杨建

在顺应我国当前社会、经济、科技和全球化战略发展需求，促进我国航天遥感应用转型的关键阶段，我国适时提出并实施了高分辨率对地观测系统重大专项、国家民用空间基础设施中长期发展规划和航天强国的遥感应用“新三大战役”。这期间，我国遥感技术从早期提倡融合遥感（RS）、地理信息系统（GIS）、全球定位系统（GPS）和通信技术等的3S+C技术，到强调融合卫星通信、导航与遥感的“通导遥”一体化，融合空基、天基及地面观测手段的“空天地”一体化，伴随社会信息化水平提升而处在快速发展阶段。同时，遥感领域的业态也从若干独立、分散的“行业＋遥感”模式向整体化、综合性的“遥感行业”方向发展，形成体现国家综合国力的战略新型产业，为国民经济、人民生活和国家安全提供服务。

遥感应用学

遥感应用学作为遥感技术发展的阶段性产物，具有时代性和历史性。作为有关遥感行业的共性、基础性认识的研究，遥感应用学的出现是基于遥感在一段时期内的大量应用实践基础上的，再融入了理学、工学和医学等许多其他学科知识。

概念内涵

遥感应用学是有关卫星遥感实践的学问，涵盖科学、技术与应用过程的基本内容，是对遥感应用概念、范畴、原理方法与作用的概括和抽象。通过遥感应用学研究反映遥感应用深层次的特征与规律，服务社会与经济效益产出，及人对世界的认识与改造等 2 个人的始终愿望，提升认识、理解并指导人们进行遥感应用实践活动。

基础认识

1. 研究对象

遥感应用学以人、遥感工具、观测对象以及三者之间的关系作为研究对象。在整个研究过程中，人作为遥感应用的主体，起到问题提出，过程实践，结果评价的作用。遥感工具作为获取观测信息的手段，在技术的不断提高过程中，观测也从低分辨率到高分辨率，小范围到大范围，单角度到多角度等方面不断深入，更有效地适配观测对象特征及人的需求。

观测对象信息的获取程度同时也取决于对其认知的水平，包括其状态与变化、规律认识以及理论掌握等方面。

2. 基本理论、基础知识、基本方法

遥感应用学将遥感信息论，遥感数据工程论、应用技术成熟度、价值论作为基本理论如图 1 所示。根据遥感信息流、技术流、价值流和物质流等“4 流”特征对遥感信息、数据工程、技术状态与变化、价值与作用等进行分析。

遥感应用学将与遥感信息流相关的许多物理学的基础理论、数学方法以及基本实验方法和技术作为基础知识，构建从信号到数据到知识的信息流。

遥感应用作为一种信息与过程的记录，主要以数字形式存在，通过对遥感数据进行组织、管理、存储、检索、传输、处理、可视化、分析、发布及安全等操作获得研究所需的信息。

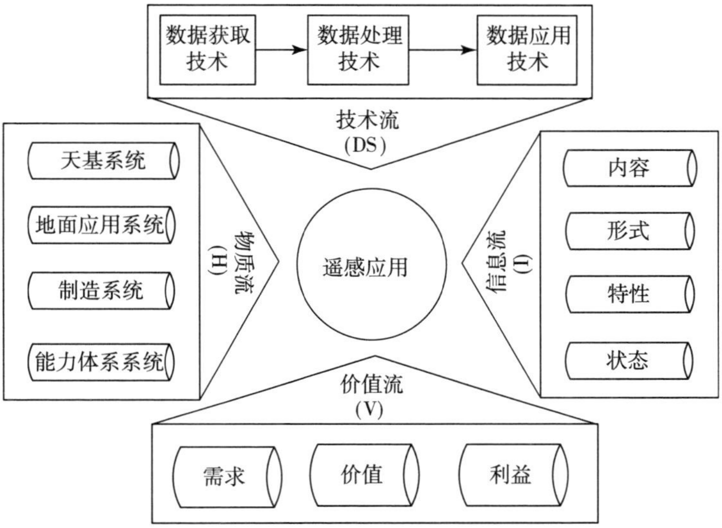

图 1　遥感应用中的信息流、技术流、物质流和价值流

遥感应用学将现代科学四大范式作为基本方法，开展软硬件技术的基础研究，形成应用的基础设施。

遥感应用学基于对社会经济效益以及认识改造世界的认识，发现、认识与理解遥感过程中的价值与利益链条，推进遥感应用与遥感技术的进步。

遥感数据获取

遥感数据获取如图 2 所示。遥感通过相位、偏振、角度、光谱、空间以及时间这 6 种采样方式获得遥感数据，而所获得的遥感数据具有品种、规格、质量、规模与时效性等 5 种指标属性，具有时效性高、数据量大、分布不规则等特征。

遥感是有关“探测绘”信息的手段，获得观测对象的时间、位置、几何、物理、化学、生物学、社会学这 7 个特性，形成对观测对象状态与变化特征的“6W2H”等 8 个方面描述。其中“探”指通过发现、识别、确认、分类、聚类、变化检测等确定“what”特征问题的回答。“测”指获得观测对象有关位置、距离、大小、形状、结构、体积、质量、浓度、温度、成分等位置、集合、物理、化学、生物学状态及其变化等有关“when&where、how”特征问题的回答，即通过“探”与“测”了解观测对象的 3W1H（what、when&where、how）的内容。“绘”是指可被人把控的抽象概括方式将探与测获得的信息直接或与其他信息融合后加以表达，更直接、完整、简洁地反映观测对象时空特点，从而更加有效地对信息进行快速把握、分析与理解，进一步掌握关于“why、which、who、how much”等涉及机理、原因、社会学特性的3W1H专题性问题的信息。

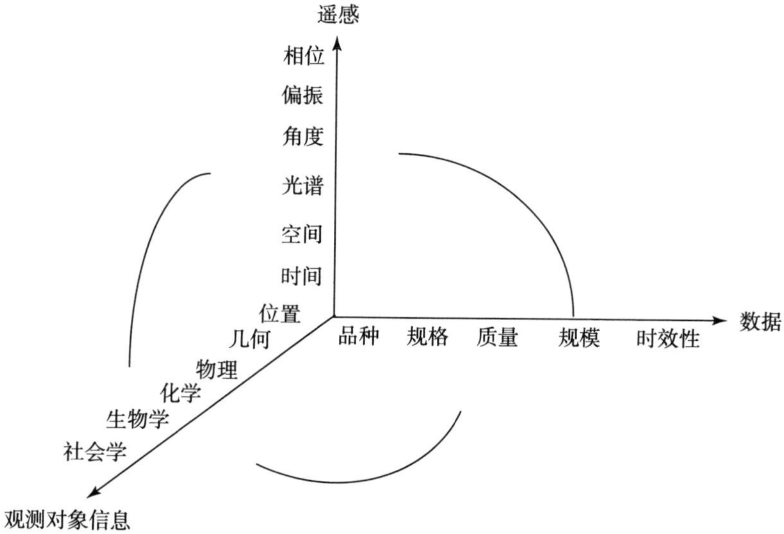

图 2　遥感应用的基本指标体系

学科设置

按照遥感应用学对观测对象特性及人的需求的理解，可将其分为航天遥感器原理与遥感应用工程；卫星导航定位、摄影与遥感空间测量；卫星遥感探测、识别与计算机处理；卫星遥感观测与计算机处理；专题制图学与地理信息工程等 5 个学科分支。其中：

1. 航天遥感器原理与遥感应用工程主要以遥感应用为研究对象，

开展遥感机理、系统工程、遥感效能效益、技术伦理等方面研究。

2. 卫星导航定位、摄影与遥感空间测量是以时间、位置和几何状态作为研究对象，利用航天平台获取信号信息对观测对象进行几何学测量，然后获得对象的位置、形状、体积等方面信息。

3. 卫星遥感探测、识别与计算机处理将人和计算机识别作为研究对象，利用航天平台获取信号信息，实现对观测对象信息进行识别、分类、变化检测等。

4. 卫星遥感观测与计算机处理是研究从遥感数据中获得有关观测对象的物理化学及社会学特性的研究等。

5. 专题制图学与地理信息工程将四维空间信息表达作为研究对象，利用仿真、专题图、地图以及 AR/VR 等形式聚集、融合、分析与可视化自然和社会各种对象和现象的描述参数、空间分布、动态变化和相互关系。

遥感应用基础设施

遥感应用基础设施

遥感应用是有关空间信息的获取与应用的，遥感应用基础设施是信息基础设施的重要组成部分。遥感应用实践要通过应用基础设施提供基础保障，这是开展应用服务的工具与前提条件。遥感应用基础设施也可以为地面系统与应用系统的建设与运行提供总体论证、需求总体协调与技术指标设计，新型探测技术中载荷、产品与应用成熟度提升与评价；对软硬件共性、基础工具的设计、研发、制造以及技术与系统进行评价。

作为人类知识与技术的综合集成，应用基础设施既服务遥感应用实践，而且作为其重要组成部分也是应用能力的重要表现。遥感应用基础设施是遥感信息及空间信息基础设施的重要组成部分，是并行于信息链、技术链、价值链构建与运行的物质链有形化表现。

遥感应用基础设施建设及科学研究四大范式

遥感应用基础设施要保证遥感信息的转换、数据的获取及处理、软硬件的协同运行及整个过程的价值实现，其构建要依靠现代科学手段，这其中的核心是围绕着数据集与模型集开展的。人有关研究与运用的知识中 4 大科学研究范式是核心。通过对 4 大范式的运用，可以形成较完整的技术手段集，综合应用以实现遥感技术的价值。

1. 16 世纪，伽利略提出了数学和实验相结合的研究方法，提出实验验证作为科学研究第一范式，即“数据”的范式，这种研究方法通过实验得到数据，利用归纳总结形成对观测对象规律的认知。但该方法受实验条件限制，会出现精度不高等问题。

2. 17 世纪，牛顿发明了微积分，同时他出版了《自然哲学的数学原理》这一影响当时自然科学各个领域的著作，随之出现了模型推演作为科学研究第二范式，即“模型”的范式。利用这种方式可以将复杂问题简单化，但现实生活中完全按照模型变化的事物仅占一小部分。

3. 20 世纪中叶，图灵、冯·诺依曼、香农等科学家发展计算机手段及加深对信息的认识，将仿真模拟作为科学研究的第三范式，即“模型 + 数据”的范式，这种范式可以适应复杂的情况，通过已知信息和相关知识，在复杂的环境中搭建实验平台，实现对复杂情况非线性响应的理解。

4. 21 世纪，吉姆·格雷提出数据密集型科学发现作为科学研究第四范式，即“科学大数据”。当代社会是一个“大数据”的信息社会，各种时空间信息碎片形成了更加复杂的整体信息，通过“数据 + 模型”方式对这种整体信息进行分析，可以得到更加准确的因果关系以及相关性等信息。

遥感大数据与小数据

遥感海量数据与大数据

遥感手段是获取空间信息的海量数据“生产线”，具有数据种类多，数据体量大，处理速度快，价值密度高等特点，是一种海量数据。但是这种数据的处理还是建立在几何、物理化学及社会学指标间因果关系的理解上，是一种大量的运算。

大数据指的是一种范式，是对海量数据处理基础上对规律的分析，追求的是相关关系或更加深刻的、复杂的规律及因果关系，需要通过新处理模式才能具有更强的决策力、洞察力，在内容上超过了海量数据，是海量数据和复杂类型的数据的集合。

遥感小数据及其应用

1. 面向网络服务的地理时空数据智方体与小数据

遥感地理时空数据智方体（Geo Raster Intelligent Data Cube，GRID Cube）是一种地理时空栅格大数据的组织模型，通过高分辨率的“小数据”形式存储遥感信息、数据等。GRID Cube 可以将遥感数据从杂乱无序的高维度状态转换成规则有序的可处理信息。主要从尺度纬度、信息纬度和时态纬度三个方面对地理时空栅格大数据进行有序化和大数据降纬。

在构建 GRID Cube 中，只有与观测对象相关联的数据才会聚集，大量无关的数据将被去除，即有用信息的结合，这是一种从体量规模上看体量非常小的规格化数据块，被称为小数据。这种小数据的数据单位被称为“数方”，即数据方块（Data Square）的意思。

2. 基于数方的专题应用系统构建

遥感应用系统 SPID（Software，Platform，Infrastructure &

Data）架构基于互联网云服务理念，其中 S 提供遥感专题应用服务，P 提供共性信息和技术平台服务，I 提供硬件基础设施服务，D 提供和遥感相关的数据、产品信息和相关的辅助数据作为数据服务。具体服务内容如图 3 所示。

建设信息集成共享与服务平台，针对共性技术研发与服务需求，集成基础共性关键技术、综合数据库、实验验证系统的成果，开展共性技术研发成果、协同实验验证和基础实验数据的服务，对实现遥感信息资源深层次共享以及遥感信息集成与整合具有重要意义。通过服务平台，实现数据和技术的最大化共享，对外提供多用户的一站式服务门户，为大众用户、行业和区域示范用户、专家用户以及市场用户等提供产品、模型、算法、数据和工具等资源集中输入和分发输出，同时也要得到用户体验中心和用户评价中心的肯定。

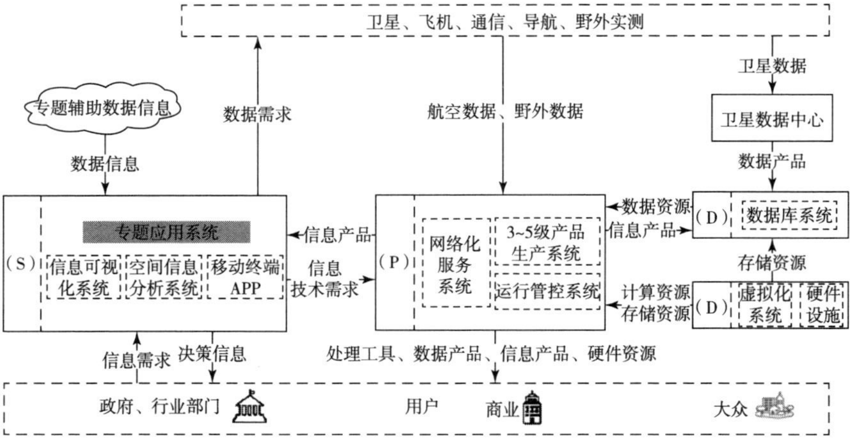

图 3　遥感应用系统 SPID 基础系统架构图

3. 基于 COGON 的网络服务框架与应用服务模式

COGON 框架是云概念和网格计算的原理产生的一种适用于集成共享与服务原型系统的分布式服务交互模型，是一种基于互联网的服务交付和使用模式，是指通过网络以按需、易扩展的方式获得所需服务。其实现原理即将大量用网络连接起来的计算资源统一管理和调度，构成一个资源池向用户提供按需服务。

针对遥感系统不同的用户可以设计以下三种不同的服务模式：

（1）数据网络服务模式，根据空间尺度的不同对数据进行切分，用户在查询数据时根据数方的多维要素，通过单次全覆盖检索功能和多时序辅助筛选，快速查询和获取面向应用的最优组合数据。

（2）数据桌面应用模式，可以简化数据在前期预处理过程，完成数据最优的挑选过程，基于数方的小数据可以加快数据的加载、处理和可视化过程，小数据的处理也便于释放内存，降低对内存的要求。

（3）数据移动终端应用模式在数据录入是根据用户需要录入有用数据，同时也可以实现数据在各阶段格式一致，保证处理、生产和发布的无缝连接，服务平台在收到用户信息请求之后也可立即将目标数方进行生产并推送到终端，提高工作效率。

4. 应用案例

遥感技术可以广泛地运用到农业、气象、林业、环境、灾害等多个民用领域，以及情报探查和战场监视等多个军用领域。例如在对某一地区进行环境监测时，可以分析环境大气污染物 PM2.5 的近五年内的变化趋势，针对环境恶化或者改善程度，分析原因并给出针对性的意见。另外对于乱砍滥伐进行取证时，可以利用遥感手段对这片区域进行不同时期的信息取证，确认理赔。在发生应急事件时，可以利用遥感手段实时进行应急实况直播。

遥感应用学作为各领域应用的基础学科，起着重要作用，同时遥感大数据作为了解观测对象的基础，对其数据进行识别、分类、融合、整理成研究所需的遥感小数据信息十分重要。目前，为满足人们的需求，遥感技术不断地发展，获取信息的能力逐渐从表面深入到内部状态，从静态描述到动态分析，随着研究领域的拓宽，遥感技术正不断地增加社会的经济效益并帮助人们认识和改变世界。

整合城市数据资源，支撑城市精细治理

科大讯飞大数据研究院执行院长　谭昶

现在的世界是复杂化的，必须要用智能化的手段去管理、治理。管理和治理，最重要的根基是人工智能、互联网所拥有的共同基础，也就是数据或者是大数据。如何整合城市里的数据资源来实现城市的精细治理呢？

建设“数字中国”需要依赖大数据、人工智能这些新兴的科技，要去服务于实体经济，要去用大数据辅助社会治理和政府的管理。在这样的思路之下，对于整个城市当前的信息化水平应该有一个正确的认识。最早的时候人和物理空间的交互是通过自己的双眼和双手，中间没有任何信息化的行为，没有任何的机械装置，等到技术发展到了一定水平的时候，拥有了大量的信息化手段，我们就从原来人和城市的交互变成了人通过信息化的系统去管理一个城市。但是信息化系统在人工智能的概念提倡之前，大家知道信息化的系统是垂直的，是数据孤岛，处理的问题比较简单。如果仅仅依赖于这样的信息化系统，最终所有的工作、所有的决策还是需要人来完成。有没有可能使用一些新的手段来代替人完成一些简单的劳动呢？人工智能给了我们这样的可能性，我们可以把信息化系统升级为智慧化的信息化系统，它有一定的自主决策能力，对于一些简单的问题它可以自动判断这个问题应当如何处理，应当怎么样执行，人已经不是一个在决策闭环里的决策者，而是在决策闭环之外的监督者。只要监督整个信息化系统是否犯错就可以，这样的系统就可以处理大量的数据，大量的问题。

比如人脸识别开门，如果保安站在那里开门，这就是最早的人和物理世界之间的交互，如果是保安通过摄像头看到了一个人到这里，看这个人是我们小区或者办公室的人，他点了一个按钮，那个门开了，这就是 HCPS 信息化系统。但如果保安坐在那里，前面有一套人脸识别的人工智能系统，人走路到这里，站在那里，人工智能系统自动就识别出来这是谁，然后打开了门，保安只是监督它有没有犯错。这样既提升了整个信息系统的智能化和自动化的水平，同时又减轻了人力劳动，这才是我们追求的终极目标。

在这样的目标之下就会发现实际上有很多问题需要处理，比如说刚才提到的人脸识别的概念，人脸处理在哪儿？比如说信息化系统，摄像头和人脸门禁、红绿灯有没有打通，这些问题都必须要在数据整合、信息系统整合的基础上来实现。具体到讯飞的方法论来讲，我们希望人和物的所有数据通过无处不在的网络能够连接到一个统一的数据平台，在统一的数据平台里经过加工整合，经过人工智能的学习、分析、判断，然后再通过各种各样不同的行业应用去服务于人和物的管理和治理，这样的方法论之下我们也就提出了对于城市数据的管理和使用模型。

最基本的一定是要有统一的汇聚层，现在数据来源很丰富了，怎么样把城市中的各种传感器、各种企业、各个部门建设的信息化系统数据有效的收集起来，必须要有强大的数据汇聚层面，在数据汇聚层面上要进行数据的融合和分析。我们可能从很多个部门都拿到了同一个小区、同一个家庭用电的数据、供水的数据、煤气使用数据和家庭租住的人数，我们要按照时空，按照不同的业务主体把它汇集整合起来，整合之后需要用人工智能判断哪些数据需要分析，哪些数据需要学习，哪些数据一旦发生了或者一旦变化了，我们相应的智能处理过程就需要紧密的跟进，快速地给出结论。给出结论之上就是服务于具体的某个行业，这是服务于方法论。

服务于方法论基础之下，第一步怎么干？以城市数据中心，数据大平台为抓手来整合数据。整合的原则有几点：要按照空间的地理位置整合数据，也就是 GIS 系统；按照城市三维的空间整合，就是 BIM 数据；要整合物联网数据，要整合各个行业的大数据；还要将数据进行统一的管理、统一的编制，建立统一的资源目录。

简单地讲两个例子：

第一，各个地方都面临着小升初报名问题。牵扯到学生住在哪里、户籍在哪里、租的房子在哪里，这样的数据分散在不同的部门，如果没有有效的整合就是前面的状态，数据不整合，60% 的用户需要线下确认，需要带着大量的证件去证明我住在这里，我可以在这里上学。但如果有平台就全部可以在线实现，我们在芜湖 2018 年 99% 的数据比对可以线上实现。

第二，公租房分配，通过身份证号码能够查出他有没有房子，配偶有没有房子，家庭收入如何等，这些数据整合起来之后，我们就可以在同一个平台上一次性通过同一个号码获取所有的数据，给出相应的结论。

从业务流程到数据驱动，我们需要有一个换位的思维，需要去打破部门之间的数据壁垒，去整合数据。怎么样完成这样的工作呢？我们也提出了五步法的思路：

首先，要有专家的基本指导意见，建立数据架构、数据框架，在这个框架之下应该具备数据的关联关系，有相应的实际应用案例去证明数据的有效性和数据使用过程，去产生创新应用。创新应用收集到了更多的数据，形成新的建设数据和建设指导意见。

比如说交通，对于城市的拥堵，分析出来的问题不仅仅是交通，可能旁边有新的三甲医院建设和旁边有新的中小学建设了，这是由教育和医疗卫生部门提供的数据，这些数据整合和分析才能发现城市各种问题的源头，才能基于源头去解决问题。

数据整合目的是什么？现在有市场监管部门的“三证合一”“五证合一”方便企业办事。但我们在杭州做到了27个部门95个办事项合一。也就是说当一家店想开企业，需要办95个证，牵扯到旅馆经营许可证、餐饮经营许可证等，可以在同一个窗口、同一个部门办理，甚至都不需要跑一次，可以完全在线办理，这就是数据挖掘、数据打通实现的非常大的价值。

通过数据整合之后，对社会治理更加精细化，比如打击传销组织可能需要用租住房间里水电异常消耗数据，比如创建文明城市需要闯红灯和人脸识别结合起来，现在形成很多地方闯红灯就把头像公示出来等，都需要数据整合来实现。

最后，我们不仅仅要在网络空间里实现数据的整合，我们还要在线下的实体空间里形成业务流程的整合，这也是我们现在对很多城市的建议，不仅仅要建数据中心，还要建服务中心，还要建管理中心，应该在一个实体里面实现我们对于城市所有的管理、所有的运营整合，比如说城市的客服中心，110、120、119能不能合在一起，还有市长热线12345能不能合在一起，合在一起他们收集到的市民需求、市民反馈，能不能第一时间反馈到城管、环保、环卫等不同的部门去，那就必须要求我们去统一整个城市里的管理治理模型，统一所有管理治理的相关业务，统一人员、统一场地，去建设一个真正的城市大脑。

它应该是一个城市的协同中心，城市的大脑，既是城市数据的汇集中心，又是这个城市所有服务治理的业务统一处理和智能分配的中心。它不仅仅是为我们的居民提供服务，还为城市管理者提供战斗的阵地。

统一了服务出口之后，我们就可以对城市里管理治理城市的各个部门，比如城管、环卫、公安、交警，都可以把它统一进行考核，所有的协同工作在一个部门完成，可以想象它的效率一定比跨部门协作要高得多，这样的手段可以让整个城市的治理精细化水平再提高一个层次。就像数据共享一样，我们也实现了城市治理的业务共享。

最后，我们怎么样从数据的共享、业务的共享到人工智能智慧化的治理？首先要形成数据共享的时空记忆，整个城市的类似数据，时间、空间数据要统一融合、统一分析；我们要对数据进行深度贯穿、深度分析，关联的知识、结合专家经验要发现里面的关联问题，比如说拥堵治理，哪个路口是影响我们的核心关键点，人可能不能发现，但是数据可以发现；发现之后要让人、专家判断发现的问题要不要处理，处理的优先级如何，哪件事情可以先处理，哪件事情可以后处理，更新了这些知识之后，人工智能算法模型就可以不断地学习进步，持续成长，最终能够让人逐渐成为人工智能的监督者，用人工智能让我们的城市更美好。

附录

媒体报道

2019
数字经济大会报告

2019 京津冀大数据产业创新应用论坛举办

由河北省人民政府和经济日报社共同主办的“2019 京津冀大数据产业创新应用论坛”5 月 18 日在廊坊举行。本次论坛是 2019 年中国・廊坊国际经济贸易洽谈会的重要活动之一。

京津冀地区作为我国经济发展的重要增长极，大数据产业发展蒸蒸日上，大数据产业创新应用亮点不断。举办 2019 京津冀大数据产业创新应用论坛，旨在进一步挖掘京津冀大数据产业创新应用的潜力，释放大数据产业创新应用的新动能，运用大数据思维解决当前经济社会发展中面临的问题，从而推动经济社会的高质量发展，为京津冀协同发展作出新的贡献。

本次论坛取得了广泛共识。与会专家认为，推动京津冀大数据产业的创新应用，要不断推动“互联网 +”“大数据 +”“人工智能 +”，推动互联网、大数据、人工智能同实体经济深度融合，促进新产业、新业态、新模式的蓬勃发展，实现经济的转型升级发展。推动三地数据信息的开放、对接、共享，打造京津冀统一数据开放平台，实现全方位、多领域的大数据协同。紧紧围绕“数字中国”战略，加快 5G 商用步伐，推进人工智能、工业互联网、物联网等新型基础设施建设。

（刊于《经济日报》2019 年 5 月 19 日头版　经济日报记者：张雪　吴浩）

李毅中：

把智能制造作为主攻方向

当前，工业数字化转型成为大数据时代工业发展的重要趋势之一，也是推动互联网、大数据、人工智能同实体经济深度融合的重要领域。工业和信息化部原部长、中国工业经济联合会会长李毅中在 2019 京津冀大数据产业创新应用论坛上表示，我国推进数字工业化、建设制造业强国，要把智能制造当作主攻方向，把握好 5G 时代的工业数字化转型的新机遇，进一步推进工业互联网发展。

“工业企业要积极应用数字技术，开展以智能制造为核心、各具行业特点的创新和改造升级。”李毅中认为，生产资料制造企业要在已有装备制造基础之上，扩大、丰富数据的采集、分析和应用，由自动化提升为智能化；生活资料制造企业要利用大数据来细分市场、开发产品、创建品牌；电子制造企业要打造智能生产线、数字车间、智能工厂，生产智能终端产品，实现精准制造。

随着 5G 时代到来，5G 所具有的大宽带、高速率，低时延、高可靠，密连接、广覆盖等特性，将显著提升数字产业的功效，也为工业数字化转型带来新的历史机遇。

“从 4G 的应用经验来看，事实上走出了一条‘先服务消费，后工业制造’的轨迹，5G 商用很可能会重复这个规律，例如，高清视频、智能家居、车联网等。”李毅中认为，由于工业、制造业各行业的应用相对更加复杂，必须要加快 5G 在工业领域的融合应用，推动多方合作，加快布局。

目前，5G在工业领域应用得到了初步探索。5G提升了工业自动化、智能化水平，可以使所有的工业设备、部件等物理单元能连尽连，使发生在生产运营过程中的海量数据能采尽采。比如，南方电网用5G网络承载全部配送电业务，对所有数据都可以采集，打造了“智能电网”，使供电更加安全可靠。“5G与工业的深度融合一定会创造出更多优质的应用场景。”李毅中说。

大数据、云计算、人工智能和传统工业的深度融合发展，将带来一场工业数字化的转型变革。京津冀地区作为我国经济发展的重要增长极，近年来大数据产业发展蒸蒸日上，大数据产业创新应用也不断取得突破。李毅中表示，未来，京津冀三地要加强协同发展，在大数据产业创新应用、推进工业数字化方面进行更多合作。

（刊于《经济日报》2019年5月19日第4版 经济日报记者：吴浩）

数字经济助推产业跨界融合

数字经济正成为信息产业中最具活力的细分市场。以互联网、大数据等为代表的数字经济已融入我国经济社会中的各个领域，成为推动经济发展质量变革的重要驱动力。一二三产业之间的跨界融合实践不断推陈出新，应用领域不断扩大。

由于数字经济具有虚拟性、高附加性的特点，使其能够提高同一产业不同环节、不同经营实体之间的关联性，并加快信息要素在不同经营主体和不同行业之间的流动。而大数据、5G 产业和新一代信息技术的不断升级，也为产业跨界融合提供了更加便利的条件。

数字经济发展对产业跨界融合具有强大推动力。从现实看，数字经济的跨界融合拥有超万亿级的巨大市场。最近研究显示，“数字经济 +”“人工智能 +”等模式，将存在于每一个产品、每一项服务和每一个经济活动中并不断进行业态升级，可以说是无所不在。未来经济结构将不再是独立的行业相加组成，随着数字经济的加入，产业边界会越来越模糊甚至消失，彼此将无缝衔接，真正做到你中有我、我中有你。

同时，未来的产业会呈现多元化、立体化、开放化、标准化的趋势，企业可能是一个平台化、订单化和虚拟化的载体，数字经济助推产业跨界融合将成为新常态。

（刊于《经济日报》2019 年 5 月 19 日第 4 版　国家发展改革委国际合作中心执行总监 吴维海）

大数据：为高质量发展“赋能”

当今，数字化、网络化、智能化已成为鲜明的时代特征，世界经济数字化转型成为大势所趋，中国的数字经济也在持续快速发展。在 5 月 18 日举行的 2019 京津冀大数据产业创新应用论坛上，经济日报社副社长林跃然用一串精确数字展示大数据的“能量”：“2018 年我国数字经济达到 31.3 万亿元，增长了 20.9%，占 GDP 比重 34.8%。2018 年我国数字经济领域提供就业岗位达到了 1.91 亿个，同比增长 11.5%，明显高于同期全国总就业规模增速。”

如何让数字经济更好地为我国经济社会高质量发展“赋能”？在论坛上，来自国内数字经济产业领军企业的管理者和知名学者从不同角度给出了建议。

新机遇：基于数据的产业大变革刚开始

当前，外部因素带来的不确定性需要我们做好自己的事情，力求在关键领域的创新应用上不断取得新突破，获得未来发展主动权。林跃然认为，数字变革需要创新引领，通过推动大数据产业在工业、交通、金融、物流、商贸、电信等行业领域的创新应用，能够使互联网、大数据、人工智能同实体经济深度融合，实现经济的转型升级发展。

数字化是驱动中国工业高质量发展的核心。数字工业如何抓？与会人员认为，关键是要抓住智能制造和工业企业融合发展。

以互联网企业和信息企业为例，这类企业正在加速与工业、制造业发展融合。工业企业与信息企业签订合同，数据由工业企业提供给信息企业，由信息企业发挥大数据处理的优势，经过算法分析，发现问题并将优化意见返回到工业企业，形成由工业企业工程师和信息产业工程师共同改进生产技术的合作模式。

信息企业同样可以在航天飞行器领域作出贡献。航天飞行器追求更高、更快、更远，要想实现目标，必须运用大数据提供解决方案。“比如减少飞行阻力的课题，过去的研究主要基于传统的认知理论和实践，但基于大数据处理分析而生产的飞行器将能有效降低飞行阻力。”中国航天空气动力技术研究院空气动力理论与应用研究所所长艾邦成认为，要从 5 个方面解决大数据技术问题：可视化分析、数据挖掘、数据分析利用、语义引擎和数据本身的质量管理。

大数据还能推动不同区域产业融合。据河北省人大常委会党组书记、常务副主任范照兵介绍，北京市通州区与河北省廊坊市的医疗大数据平台实现了两地电子健康档案信息的共享调阅，通过跨区域双向转诊，实现了京冀两地公共卫生资源协同应用。

新动能：扩大就业与壮大经贸“齐飞”

“以微信小程序为例，不仅覆盖了 200 多个细分行业，还提供了超过 1000 亿人次的商业和政务服务，累计创造了 5000 亿元的商业价值，直接拉动就业人数达 182 万人，足见数字经济的魅力。”中国城市发展研究会副理事长白津夫认为，数字经济是扩大就业的新引擎，特别是在关联就业上效果明显，产生了巨大的价值。

在当今国际经贸体系中，传统贸易模式很难有新的突破。而数字贸易基于数字平台，打通物理空间界限，线上线下深度融合，具有很强的生命力。当前，全球有 13 亿人与电商关联，我国电子商务交易额约占全球电子商务零售市场的40%。移动支付市场规模快速增长。

其中，数字支付给贸易结构带来新变化，除了方便货物贸易，还能为服务贸易提供便利。

新挑战：数据权属界定与保障投入并重

随着大数据产业迅猛发展，一些“成长的烦恼”也伴随而生，专家为“护航”大数据产业发展出了实招。

利用互联网的电信诈骗案件定性难、处理难；用于社会综合治理和服务的大数据应用没有明确权属关系……在全国政协社会和法制委员会副主任陈智敏看来，目前数据权属问题在国际上没有统一、完整、通行的定义，数据的所有权、使用权、管理权、交易权、享有权没有得到法律明确的界定。

“通过立法解决数据权属问题至关重要。一是通过立法或司法解释明确数据的权属关系，为大数据安全奠定法律基础；二是推进大数据安全标准化工作，为分等级保护数据制度提供坚实基础；三是完善数据价值评估体系和数字交易制度，为建立安全、平等、合法的交易市场和发展大数据产业奠定基础；四是加强国际合作，在保障数据主权的基础上倡导国家之间加强数据资源的开发利用。”陈智敏说。

要发展大数据产业，必须有先进的网络技术作为支撑，而5G恰恰可以实现最广泛、最有效的连接。与会人员认为，发展大数据产业必须推动5G的商用。经过多年努力，我国在5G专利、标准、频谱许可、网络部署等方面取得了阶段性的成功。

但是把5G用到大数据产业仍面临几大挑战。“一是在时间和资金上，5G网络基础设施的演进升级不是废止4G，而是在4G的基础上演进，大概要花1.2万亿到1.5万亿元，用7年左右的时间完成升级；二是要加快发展5G系统设备和终端设备，争取今年下半年实现量产；三是当前与先进标准之间还有不小差距，亟待加快核心技术关键器件和材料的研发，下大力气攻克技术难关。”工业和信息化部原部长、中国工业经济联合会会长李毅中分析说。

对于大数据投资的资金保障也非常重要。当前，河北省正在实施《大数据产业创新发展三年行动计划（2018—2020 年）》，专家建议，尤其要重视对钢铁、煤炭、建材、装备制造、石油化工等河北省重点传统产业的数字化，探索这些传统产业数字化的具体路径和资金投入，并落实到年度固定资产投资和科研投入的计划中；同时调整投资结构，把固定资产投资的部分资金投入到数字工业中，保障大数据产业投资有效落地。

（刊于《经济日报》2019 年 5 月 19 日第 4 版 经济日报·中国经济网记者：崔国强）

多位专家热议数字经济发展前景——

积极拥抱“数字蓝海”

2018年，我国数字化新业态不断涌现，网络支付用户规模达6亿。长三角、京津冀、粤港澳等区域信息化协调发展，区域数字经济增长极正在形成

“随着人类社会的高度信息化发展，大数据应用及其相关产业正成为全球产业发展新的增长点。有关数据显示，数字化程度每提高10%，人均GDP就会增长0.5%至0.62%。”中国遥感应用协会常务副秘书长卫征介绍，我国自上世纪以来，以数字经济为牵引，通过创新服务模式、提升用户体验，有力提升了数字经济及相关产业发展。

《数字中国建设发展报告（2018年）》显示，去年我国数字化新业态不断涌现，网络支付用户规模达6亿。长三角、京津冀、粤港澳等区域信息化协调发展，区域数字经济增长极正在形成。数据资源已成为驱动数字经济发展的核心要素，信息消费对拉动内需、促进经济增长形成强大动力。

“当前，数字产业与智能制造业不断深度融合为数字经济发展带来良好前景，我们要积极拥抱数字经济蓝海。”国家能源专家咨询委员会副主任徐锭明表示，推动数字经济高质量发展，需把握3个关键词：数据要素、融合发展、多元共治。中国要发展大数据，一定要建立诚信体系，弥合数字鸿沟，加强国际合作，分享数字经济发展成

果。同时，还要防止数据垄断，应建立相关法律，为数字经济安全发展保驾护航。

“以遥感为主的空间信息消费，是围绕资源开发、环境保护等群体性需求展开的，它具有社会治理、开发型的消费属性。”卫征说。

谈到具体的遥感数据，卫征表示，它的特性在于宏观和真实，而且它有更高的信息密度，这种信息密度需要通过各种各样的信息手段去挖掘，然后形成专业产品。这个系统有集合、形态、数量、光谱、时间等各类信息，为人们经济生活提供各种服务。

如何通过整合城市里的数据资源来实现城市的精细化治理？对此，科大讯飞大数据研究院执行院长谭昶认为，需要完成从数据共享、业务共享到智能化治理的转变，利用大数据、人工智能等新技术服务实体经济，辅助社会治理和政府管理。

谭昶表示，首先要形成数据共享的时空记忆，将整个城市时间上、空间上的数据统一融合、统一处理。“我们要对数据进行深度分析，发现里面的关联问题，哪个点是影响问题的核心关键点，之后要让专家判断发现的问题要不要处理，处理的优先级如何。更新这些知识后，人工智能算法模型就可以不断进步、持续成长，最终实现智能化治理。”谭昶说。

（刊于《经济日报》2019 年 5 月 19 日第 4 版　经济日报记者：张雪）

2019 数字经济大会嘉宾观点摘编

全国政协副秘书长、农工党中央专职副主席曲凤宏：大数据将重构信息产业格局

随着我国经济发展进入新常态，大数据在稳增长、促改革、调结构、惠民生方面扮演着越来越重要的角色。在经济社会发展中的基础性、战略性、先导性的地位越来越突出。“大数据也将重构信息技术体系和产业格局，为我国信息技术产业发展提供巨大的发展机遇。”曲凤宏说。

曲凤宏表示，以互联网、大数据、人工智能为代表的新一代信息技术不断突破，并加速与各行业领域融合发展，在全球范围内运用大数据推动经济发展、完善社会治理、提升政府服务和监管能力正成为趋势。

目前，我国移动互联网用户规模居全球第一，拥有丰富的数据资源和应用市场优势。大数据部分关键技术的研发取得了突破，涌现出了一批互联网创新企业。

曲凤宏表示，当前京津冀协同发展已进入滚石上山、爬坡过坎儿、攻坚克难的关键阶段，大数据在其中发挥着关键作用。

大数据产业应用，担负着从大数据中挖掘新知识、创造新价值、提升新能力的使命，大数据在推动经济高质量发展的新动力，重塑国家竞争优势的新机遇等方面意义重大。曲凤宏希望社会各界能够开拓思维、共享成果，为加强大数据在重点行业领域的深入应用，促进跨

行业大数据融合创新，推动大数据与各行业融合发展贡献力量。

（刊于《经济日报》2019年5月21日第12版 经济日报记者：朱 磊）

全国政协社会和法制委员会副主任、中国友谊促进会理事长陈智敏：通过立法明确数据权属关系

数字经济是一种新经济形态，正在改变着社会的生产关系，在新的生产关系中数据无疑是最主要的生产资料。

“目前，主要问题是数据权属问题在理论上没有统一、完整、通行的定义，数据从法律上没有被赋予资产的属性，所以数据所有权、使用权、管理权、交易权、享有权没有被相关的法律充分认同和明确界定，特别是国际社会没有形成共识和通行的规则。”陈智敏说，这个问题对人类社会的安全发展产生重大影响。

陈智敏建议有关部门要组织有关专家尽快研究数据权属问题，从法律上明确政府、企业、个人在大数据权属关系中的地位，制定既符合国情，又与国际接轨的数据确权法律和制度。

一是通过立法或是司法解释明确数据的权属关系，为大数据安全奠定法律基础。对关乎国家安全的数据要确定主权和管辖范围，对关乎个人隐私的安全数据，应该结合民法、物权法等明确数据所有权、使用权。

二是推进大数据安全标准化工作，否则很多数据将成为一堆垃圾。应尽快建立标准工作，制定数据的分类、分级标准，为等级保护数据的制度提供科学基础。

三是完善数据价值评估体系和数字交易制度，为建立安全、平等、合法的交易市场奠定基础。

四是加强国际合作，在保障数据主权基础上倡导国家之间加强数

据资源的开发利用和合作，尊重网络主权，推动建立共享、共治、安全的全球网络体系。

（刊于《经济日报》2019年5月21日第12版 经济日报记者：朱磊）

国家信息中心首席信息师张新红：抓住数字机遇升级实体经济

“大数据为实体经济转型升级提供了前所未有的历史性机遇，所有的生意都值得重做一遍。”张新红开门见山地亮明了自己的观点。

他认为，数字经济重新定义了一切，纯粹意义上的“实体经济”将不复存在。“拿农业来说，与农业相关的各个生产要素，以及每一个要素的运转过程，未来基本上是都要建立在数字化之上。工业也是一样，至于服务业的数字化也是如此。”

物理学家约翰·惠勒有一句话，叫“万物源于比特”。张新红表示，一旦把所有的事物变成0和1，机器就可以识别、捕捉、认识，并将其转化成有用的数据、有用的信息、有用的知识，最后形成智慧，这就是数据的价值。所谓数据赋能，机器可以帮助我们把所有的变化全部捕捉下来，所有的规律都有可能被发现。“如果所有的过程都能够数据化，那么人类认识和改造世界的能力将会大大增强。”

大数据到底给实体经济带来了什么好处？张新红认为，这个问题的答案是数字机遇。“因为有了大数据、人工智能、共享经济，把它们结合起来就会发现玩法同以前完全不一样，一下子可以用全社会的资源来完成你想要得到的服务，解决过去很难解决的问题。”他认为。

“万物源于比特，所有能数据化的都将数据化；应用才是正道，所有的生意都值得重做一遍；数据驱动一切，基于数据的产业变革才刚刚开始。所有人都有机会！”张新红说。

（刊于《经济日报》2019 年 5 月 21 日第 12 版　经济日报记者：张雪）

中国航天空气动力技术研究院空气动力研究所所长艾邦成：为航天技术插上“想象的翅膀

“航天与大数据是物理世界与虚拟世界的对话，虚拟数字已经形成了一个数字世界，物理世界和数字世界同等重要。大数据、人工智能为航天技术插上‘想象的翅膀’。”艾邦成这样形容大数据和人工智能技术对航天技术的推动作用。

在艾邦成看来，大数据必须要有人工智能基于高性能计算平台经过处理才能形成有效应用，这三个是相互支撑、相互发展的共生关系。“人工智能是一种现代化的工具，是人类文明进步的时代表征，早期我们用纸张，用计算机，现在用人工智能，它向商业行业渗透，也渗透到了自然科学领域，未来会创造大家想象不到的空间，带来的不仅仅是技术本身的进步，同时也带来研究模式的巨大改变，甚至变革”，艾邦成说。

计算机在过去改变了飞行器设计发展的历史，1980 年以前飞行器都是通过地面试验和理论研究作为设计主要支撑，1980 年之后发生了转折，引入了大数据计算作为技术手段，这主要归功于芯片技术和计算机技术的发展，并且仍在飞速进步。飞行器永远追求更高、更快、更远，从早期莱特兄弟的低速飞机，到现在超音速飞机，再到未来高超声速飞行器，两小时飞遍全球，实现这个理想，按照传统路径会很久，但也许大数据人工智能可以为我们提供全新解决方案。“比如，减少飞行阻力的课题，基于大数据处理分析可以快速得到过去需要很长周期才能获得的成果。”

与此同时，艾邦成也坦言，相比商业大数据，科学大数据还处在发展的初期阶段，要从 5 个方面解决相关技术问题：发展可视化分析、深入数据挖掘、拓展数据分析利用、强调语义引擎和数据本身的质量管理。

（刊于《经济日报》2019 年 5 月 21 日第 12 版　经济日报记者：崔国强）

河北省人大常委会党组书记、常务副主任范照兵：加快大数据产业创新合作

“京津冀大数据产业创新应用论坛堪称盛会，必将对推进京津冀协同发展，特别是加强大数据产业领域的创新应用及合作起到重要推动作用。”范照兵说。

他指出，在国家政策的强力推动下，大数据产业进入了加速发展的快车道，数字经济新业态、新模式蓬勃发展，成为推动经济社会发展的重要动力。大数据时代已经真切而清晰地来临，并日益广泛深刻地影响着人们生产生活的方方面面。

范照兵介绍说：“河北加快发展大数据、智能化、移动互联网、云计算等新一代信息技术产业，我们全力推进京津冀大数据综合试验区建设，不断深化与京津冀在交通、医疗健康、旅游、教育、环保等领域大数据的应用和协同创新，华为廊坊云基地、中国联通廊坊云中心等一批数据中心相继建成投用，彰显了大数据产业的发展力量。当前，河北省数字经济、信息产业、智能城市建设等已经呈现出蓬勃发展的强劲势头。”

范照兵表示，加快大数据产业创新领域的交流合作，是深化经济

结构调整的重要方向，是一篇潜力巨大、前景光明的大文章，也是一篇应该做好，也能够做好的大文章。河北省将继续主动加强协同合作，有效实现京津冀三地大数据产业优势互补，推动实现大数据产业协同创新加快发展。

（刊于《经济日报》2019 年 5 月 21 日第 12 版 经济日报记者：张雪）

经济日报社副社长林跃然：数字经济需要创新引领

当今世界，信息技术创新日新月异，数字化、网络化、智能化深入发展，在推动经济社会发展、促进国家治理体系和治理能力现代化、满足人民日益增长的美好生活需要方面发挥着越来越重要的作用。

“数字化、网络化、智能化成为鲜明的时代特征，世界经济数字化转型也成为大势所趋，中国的数字经济也在持续快速发展。报告显示，2018 年我国数字经济规模高达 31.3 万亿元，比 2017 年增长了 20.9%，占 GDP 比重 34.8%。”林跃然说。

林跃然表示，数字变革需要创新引领，推动大数据产业创新应用，就要不断推动“互联网 +”“大数据 +”“人工智能 +”，通过大数据产业在工业、交通、金融、物流、商贸、电信等行业领域的创新应用，同时推动互联网、大数据、人工智能同实体经济深度融合，实现经济高质量发展。

为进一步促进京津冀大数据产业创新应用，林跃然提出四项建议：一是推动三地信息数据开放，对接、共享，打造京津冀统一数据开放平台，实现全方位、多领域大数据协同。二是继续推动移动互联网、云计算、大数据、人工智能向传统行业领域的深度应用拓展，促进新产业、新业态、新模式的蓬勃发展。三是紧紧围绕“数字中国”战略，加快5G商用步伐，推进人工智能、工业互联网、物联网等新型技术设施建设。四是推动大数据人才、技术、管理等对外开放合作，支持企业、社会组织等开展多层面国际大数据创新合作。

（刊于《经济日报》2019年5月21日第12版　经济日报记者：朱磊）

中国城市发展研究会副理事长白津夫：数字化是扩大就业新引擎

不久前刚刚公布的一组数据显示，从2007年到2016年，数字经济推动就业年均增长7.2%，对城镇新增就业贡献率超过了70%；2018年数字经济领域创造就业岗位1.91亿个，占当年总就业人数的24.6%，同比增长11.5%。白津夫认为，这意味着数字化是扩大就业的新引擎。

白津夫指出，数字经济拉动就业体现出了几个新特点。第一，数字经济是就业友好型创新，创新本身就存在对劳动的替代，创新排挤就业是不争的事实。但数字经济发展创造的就业远远大于排挤就业，所以数字经济就业友好的特点非常明显；第二，数字经济快速发展，解决了年轻人的就业问题，优化了就业结构；第三，在数字经济领域容易实现高质量就业，就业收益率相对较高；第四，关联就业突出。在数字经济背景下，完全打破了原有的组织化就业程式，按需就业、按兴趣就业、按时间就业成为常态，这些富有特点的就业重新定义了就业模式。

“在数字化时代，以互联共享为原则，以小规模定制为特点。围绕这个特点，要形成新的数字思维，用数字思维来指导变革。”白津夫说，数字有无限的张力，数字经济有无限的活力，要利用数字化加快推动经济结构调整，推动高质量发展。

（刊于《经济日报》2019 年 5 月 21 日第 12 版　经济日报记者：张雪）

中国电信技术创新中心主任毕奇：5G 技术推动数字经济创新发展

移动通信已经从 1G 走过了 4G，当下正朝着 5G 发展。

毕奇表示，当前 5G 有三大应用场景。一是大带宽和高速率场景；二是海量连接场景，主要是物联网；三是高可靠低时延场景。这是一个新的领域，有潜力把智能和工业结合在一起，对数字经济产生更大价值。目前，中国电信已经与全国 200 多个伙伴合作，聚焦 5G 在十大行业的发展。

“智慧城市”是其中一个方向。毕奇介绍说，中国电信在这方面做了大量工作，包括在雄安实施了智慧治水项目，取得了非常好的效果。

除了 5G 应用，毕奇认为 5G 将会推动 5G 产业链上下游健康发展，电子产业更上一个新台阶。例如，对于芯片的密度，3G 是 65 纳米，4G 是 28 纳米，5G 时代是 7 纳米。密度的更迭将带动设备、器件、算法及设计创新。

5G 技术将给互联网、物联网和垂直行业带来全新的商机。毕奇认为，通过 5G 的推动，河北省的“大智移云”计划有潜力形成一批特色明显、优势突出的高科技产业。

（刊于《经济日报》2019年5月21日第12版 经济日报记者：崔国强）

中工服工惠驿家总裁陈伟：让卡车司机体验数字物流

去年，全国总工会向全国卡车司机群体落实一系列普惠性示范项目，“工惠驿家”项目就是其中之一。国家发展改革委、交通运输部也采取了交通运输业降本增效一系列举措。在此基础上，中工服提出了建设“数字物流产业创新城 + 工惠驿家”解决方案，为全国3000万卡车司机提供服务。

“卡车司机生产生活中所需要的基本服务和特色服务都应该包含在工惠驿家之内。”陈伟介绍说，“工惠驿家”旨在为各级工会动员、组织、服务货运司机职工提供新的入口和高效帮助，为物流货运行业高品质良性发展，提供互联互通的优质资源共享服务支撑平台。

“工惠驿家”项目以服务卡车司机为中心，聚合工会资源、政府资源、工惠驿家资源以及其他社会资源，实现工会、企业、会员之间智能化互动，通过工惠驿站提供的停车、综合能源供给、卡车定制、汽车配件辅料供给等服务，打造工惠驿家线上线下融合服务生态体系。

根据工惠驿家的算法和调研结果，每辆大卡车每年可以节约刚性支出5万元。一辆大卡车按照两位司机运营计算，人均节约2.5万元/年。享受到这样普惠性、常态化、精准的服务，会逐步提升卡车司机获得感、归属感和幸福感。

（刊于《经济日报》2019年5月21日第12版　经济日报记者：崔国强）

润泽科技创始人周超男：

“享受创业奋斗的乐趣”

“我一直保持着年轻人的心态，正全力以赴进行第三次创业。虽然很辛苦，但我很享受奋斗的过程。”润泽科技创始人周超男告诉记者，为了工作奔波各地，是她的生活常态。

身为湖南人，周超男的“闯劲”和“拼劲”让年轻人自叹不如。“我经常到全国各地出差，有时睡觉都是在旅途中解决，车几乎成了我的第二个家。”周超男说。

周超男是一名资深“北漂”。2000 年，她在不惑之年来到北京打拼。当时通信行业方兴未艾，她瞅准这一行业的发展潜力，开始人生第一次创业，成立了天童通信网络有限公司，聚焦城域信息管网集约化建设。

周超男介绍，公司已在安徽、山东、江西、北京通州等 12 个地区建设管网 2000 多公里，有效解决了城市信息管网建设中“拉链路”带来的资源浪费、交通拥堵等问题，帮助运营商节约成本达 2 亿元以上。

2009 年，小有成就的周超男没有裹足不前，而是开始了她的第二次创业。这一次，她瞄准的是大数据产业。

“10 年前，大数据产业还属于前沿领域，我看好它未来的发展前景，决定在大数据产业方面率先布局。”周超男对自己的眼光充满自信，她认为做企业就是要有超前的眼光和敏锐的市场预测能力。

2009 年，在大部分人对“大数据”还不甚了解的时候，周超男成立了润泽科技发展有限公司，在河北廊坊经济技术开发区投资建设了润泽国际信息港项目。经过 10 年的耕耘，目前，润泽国际信息港已建成 21.1 万平方米的高等级数据中心和 33 万平方米的京津冀大数据创新应用中心，成为京津冀大数据综合试验区布局中的重要节点。周超男说：“润泽国际信息港项目全部建成后，将成为亚洲最大的云数据中心集聚港。”

京津冀大数据创新应用中心的建筑外形犹如一支舰队，润泽员工形象地称之为“大船”。“我们希望在大数据产业发展领域，不仅要做到自身实力强大，同时也能引领行业发展。在大数据海洋中，劈波斩浪，发挥领航作用。”周超男表示，“大船”这个 188 天建设完工的项目，曾创造了“廊坊速度”，也将在中国大数据产业发展中成为重要的地标式建筑。

经历两次创业成功，周超男没有放慢脚步。2018 年，她开始第三次创业。

“第三次创业，我选择了‘工惠驿家’这一普惠项目，希望能让卡车司机享受到大数据和科技带来的改变，让运输变得更加智能、安全、舒适。”周超男说。

周超男介绍，“工惠驿家”是中华全国总工会试点推广的“互联网 +”工会普惠性服务项目，旨在通过建设“数智物流产业创新 + 工惠驿家”，构建基于“云计算、大数据、物联网、人工智能”等新一代信息技术平台的工惠驿站，为卡车司机提供普惠性服务，为物流货运行业良性发展提供综合性大数据支撑平台。

“未来，卡车司机可以借助工惠驿家，享受加油等优惠服务；通过集约化数智分拨共享服务平台，高效便捷地进行货物装卸；司机不用苦熬着排队等候装货卸货，会有更多时间在家与家人团聚；当驾驶疲惫时，司机还可以在工惠驿站免费洗澡、在氧吧里睡觉。”周超男列举了“工惠驿家”要实现的目标，她希望用下一个 10 年，推动全国 3000 万卡车司机都能享受到“工惠驿家”的普惠福利。

从 40 岁“北漂”创业，到如今 60 岁开启人生的第三次创业，周超男每 10 年一次的创业历程，成为她人生的鲜明注脚。从前两次创业积累与沉淀，到现在做“工惠驿家”普惠项目，她把回馈社会看得更为重要。

“企业的发展离不开社会支持，更离不开国家强大。爱国家和爱人民，应该是企业家一生的信念！”周超男说。

（刊于《经济日报》2019 年 5 月 18 日第 12 版　经济日报记者：吴浩）

经济日报社出版 WWW.CE.CN
国内统一连续出版物号CN 11-0014 代号1-68

经济日报

ECONOMIC DAILY

2019年5月
星期日 19日
农历己亥年四月十五
第13089期 (总13662期) 今日8版

经济聚焦·感知中国经济的韧性与潜力

上市公司业绩稳定资本市场预期

——创新驱动贡献更大，实体经济更强更优

经济日报·中国经济网记者 周琳

一季度上市公司的业绩质量明显提升，折射我国经济稳步迈向高质量。万得资讯数据显示，一季度，A股纳入统计的3600余家上市公司合计实现营收11.26万亿元，同比增长11%；实现净利润10325.52亿元，同比增长9.38%。

回顾2018年，3622家上市公司发布的年报数据显示，多数上市公司研发投入不断加大，创新驱动日益增强，整体营收延续增长。一方面，龙头公司业绩表现良好，引领高质量发展，传统行业公司业绩持续向好，上游行业表现亮眼，现金流状况稳定；另一方面，多数上市公司的海外业务保持稳定，积极参与"一带一路"项目建设。

从上市公司"成绩单"看，我国实体经济发展的质量、效率不断提升，动力发生变革。

高质量体现在"不唯速度论英雄"。2018年，沪市公司在总体营收和净利润规模体量较大的基础上，不再紧盯增速，全年共实现营业收入33.50万亿元，同比增长11%，占同期GDP比重约30%。沪市公司以占全国注册企业不到万分之一的数量，实现全国GDP约三分之一的营业收入。

高质量体现在创新驱动贡献更大。2018年深市公司研发投入金额合计3413.87亿元，同比增长22.30%，绝对额连续4年明显增加。沪市实体类公司2018年研发投入约3900亿元，同比增长约21%，其中研发投入占营业收入比例超10%的公司有60余家，超5%的公司有230余家。

高质量体现在产业结构转型升级步伐加快。2018年受益于供给侧结构性改革等因素，两市传统行业上市公司延续增长态势。沪市石油行业实现净利润1175亿元，同比增长58%；煤炭行业实现净利润859亿元，同比增长2%。中游行业中，受益于国家环保政策等，化工行业实现净利润488亿元，同比大幅增长24%；钢铁行业实现净利润615亿元，同比大幅增长38%。

高质量体现在实体经济更强更优。2018年沪市非金融实体经济增速已超金融行业企业，实体类公司（非金融类）收入和净利润全年实现双增长，延续良好态势，全年实现营业收入26.53万亿元，同比增长13%；实现净利润1.15万亿元，同比增长7%。并且，实体类公司的增长质量明显提升，扣非后净利润为1.01万亿元，同比增长10%。经营活动产生的现金流量净额2.33万亿元，同比增长18%。

2018年以来，沪深两市上市公司扎实推进精准脱贫、污染防治等工作。沪市已有570余家上市公司建立环境信息披露机制，深市公司共有665家公司详细披露污染排放、环境保护等相关信息。环保资金投资金额持续加大，2018年中小板公司环保投入达216亿元，同比增长38%。

纵观过去3年，资本市场涌现出越来越多经营质量优良的上市公司，这些公司持续专注主业、稳健经营、规范运作，成为推动经济高质量发展的重要力量。

2016年至2018年连续3年扣非后净利润盈利的上市公司约有1100家，占沪市公司总数近六成。这些优质公司2018年共实现营业收入30.41万亿元，同比增长12%，占沪市公司全部营业收入的九成。其中，一批专注主业、经营规范、稳健增长的优质蓝筹企业脱颖而出，约740家公司实现营业收入和净利润的双增长，占比高达50%，实现30亿元以上净利润的公司达110余家。

上市公司创新提速、引领高质量发展的背后，是改革开放进一步释放红利，金融供给侧改革不断深化，资本市场发展的预期和信心持续增强。

今年以来，中国证监会和上海证券交易所先后发布实施多个科创板配套文件，科创板设立的监管规则已基本齐备，目前上交所科创板受理的企业超过100家。A股市场有望迎来新的定价机制、新的股票供给、新的直接融资通道。

监管部门大力推进金融供给侧结构性改革，增加有效供应，优化金融结构，降低融资成本，提高配置效率和畅通良性循环，支持新技术、新产业、新模式、新业态企业发展。近两年来，银行体系在对实体经济发放贷款年均增长12%以上的情况下，总资产增速从过去15%左右回落到7%左右，盲目过快增长的势头得到控制，银行业贷款占总资产比重已回升至53.88%。

上市公司是资本市场的基石，是国家最具活力的竞争元素，它们的"成绩单"真切地反映出中国经济正在从高速增长向高质量发展迈进，正在开启新的时代。受益于供给侧结构性改革等红利，上市公司也必将在今后的发展中，为经济高质量发展、打赢三大攻坚战、产业结构升级贡献新的更大力量。

中国经济"这片海"无惧风雨

郭 言

互利共赢是国际贸易的常识，贸易战从来没有真正的赢家。由美国的贸易霸凌主义引起的中美经贸摩擦已经对双方经济发展产生了一定影响，也给世界经济带来新的挑战。但对中国而言，目前影响有限、总体可控。中国人民从站起来、富起来到强起来的伟大飞跃，充分证明，没有什么力量能够阻挡中国人民砥砺前进的坚定步伐。正如习近平主席指出的："中国经济是一片大海，而不是一个小池塘。大海有风平浪静之时，也有风狂雨骤之时。没有风狂雨骤，那就不是大海了。狂风骤雨可以掀翻小池塘，但不能掀翻大海。"

大海之壮阔，使其有广袤的回旋空间。中国拥有独立而完整的工业体系、齐全而多元的产业门类，从针头线脑等生活日用品到航母等大国重器都能生产，加之，各行各业已深度嵌入全球产业链当中，在应对外部冲击产生的不确定性时往往有着很强的韧性。这14亿人口、9亿劳动力、1亿多个市场主体……中国还拥有动辄数以亿计的市场资源和空间，这是应对各种干扰、激发经济活力的强大优势。

大海之深邃，使其不为表面狂风巨浪所动。当前，尽管形势纷繁复杂、风险挑战加剧，但中国经济发展健康稳定的基本面没有改变，支撑高质量发展的生产要素条件没有改变，长期稳中向好的总体势头没有改变。这是我们对中国发展前景充满信心的重要基础。中国经济"稳"的气质更加凸显，有更大的回旋余地，完全有能力精准施策、从容应对，通过国内市场的开拓，通过扩大国内消费、通过稳定国内投资，消化外贸出口受到的影响。

大海之包容，使其有强大的净化和融通能力。中国是包容发展的积极实践者，致力于追求机会平等的增长。在国际上，强调国际社会、各国之间的协调配合，以促进全球经济增长的稳定，使得更多人享受到全球化的红利。在国内，深入贯彻创新、协调、绿色、开放、共享的理念，在发展战略上体现包容，在体制机制上保障包容，在政策举措上促进包容。包容性的不断增强使中国经济近年来保持平稳发展，成为低迷的世界经济中的一个"闪光点"，也必将继续带领中国经济行稳致远、为世界经济作出更多贡献。

大海之开放，使其有广纳百川的胸怀。美国是中国的最大贸易伙伴国，却并不是唯一的贸易伙伴。中国深度融入全球经济，实行全方位开放，已与世界上大多数国家建立起紧密的贸易联系。在美国之外，仍然存在着广阔的贸易空间。接下来，中国还会继续踩准自己的节奏和步伐，按照设定的时间表和路线图，坚定不移推进改革开放，兑现"中国开放的大门不会关闭，只会越开越大"的承诺。

中国经济"这片海"的壮阔、深邃、包容、开放，给了我们战胜一切困难、压倒一切挑战的十足底气。中国经济从来都是在风雨中成长、在磨砺中壮大的，也正是在这样的过程中，早已融入中国人民血脉之中的强大凝聚力、百折不挠的奋斗精神、自强自立的民族精神，得到了充分的展现。今天的中国，依然经历着成长的风雨，越是此时，越需彰显这种品格。

沧海横流，方显英雄本色。只要更加专注地走自己的路、凝神聚力办好自己的事，坚决捍卫中华民族的利益和国家核心利益，紧紧抓住大有可为的战略机遇期，团结一心，砥砺奋进，勤劳勇敢智慧的中国人民一定能够创造更大的奇迹。

中经观点

"科学"号起航探秘世界最深海沟

5月18日，常泊在青岛母港的"科学"号准备解缆起航。当日，我国新一代远洋综合科考船"科学"号从青岛母港起航，将对全球最深海沟——西太平洋马里亚纳海沟的一处人类从未探索过的海山进行精细调查。

新华社记者 李紫恒摄

第十一届"全国文化企业30强"名单发布

本报深圳5月18日电 记者姜天骄报道：5月18日，光明日报社和经济日报社在第十五届中国（深圳）国际文化产业博览交易会上联合发布了第十一届"全国文化企业30强"名单。中国出版集团公司等30家企业进入行列。从本届"30强"企业有关情况看，骨干文化企业坚持把社会效益放在首位、实现社会效益与经济效益有机统一，总体规模实力进一步提升，市场竞争力和盈利能力持续稳定增强，体现了文化产业良好的发展势头。

本届"30强"企业主营业务收入4164亿元、净资产3636亿元、净利润456亿元，主营业务收入和净利润创历史新高，分别比上届增长10.51%和8.21%，且主营业务收入首次突破4000亿元大关，净利润首次突破450亿元大关。

为鼓励文化企业深化改革、加快发展，光明日报社和经济日报社继续发布了"30强"提名企业，对中国对外文化集团有限公司等20家主营收入、净资产、净利润近3年稳定增长或有重大改革创新举措的企业予以提名。

（相关报道见五至八版）

2019京津冀大数据产业创新应用论坛举办

本报河北廊坊5月18日电 记者张参 吴涤报道：由河北省人民政府和经济日报社共同主办的"2019京津冀大数据产业创新应用论坛"5月18日在廊坊举行。本次论坛是2019年中国·廊坊国际经济贸易洽谈会的重要活动之一。

京津冀地区作为我国经济发展的重要增长极，大数据产业发展蒸蒸日上，大数据产业创新应用亮点不断。举办2019京津冀大数据产业创新应用论坛，旨在进一步挖掘京津冀大数据产业创新应用的潜力，释放大数据产业创新应用的新动能，运用大数据思维解决当前经济社会发展中面临的问题，从而推动经济社会的高质量发展，为京津冀协同发展作出新的贡献。

本次论坛取得了广泛共识。与会专家认为，推动京津冀大数据产业的创新应用，要不断推动"互联网+""大数据+""人工智能+"，推动互联网、大数据、人工智能同实体经济深度融合，促进新产业、新业态、新模式的蓬勃发展，实现经济的转型升级发展。推动三地数据信息的开放、对接、共享，打造京津冀统一数据开放平台，实现全方位、多领域的大数据协同。紧紧围绕"数字中国"战略，加快5G商用步伐，推进人工智能、工业互联网、物联网等新型基础设施建设。

（相关报道见四版）

壮丽70年·奋斗新时代 推动高质量发展调研行

□ 本报记者 郑明桥 柳 洁

大桥越山海 争光"中国造"

——湖北桥梁企业坚持自主创新迈向世界一流纪实

数据显示，世界在建的主跨1000米以上悬索桥有13座，中国占9座；世界建成和在建跨度600米以上的斜拉桥有21座，中国占17座；世界已建跨度420米以上拱桥有12座，中国占9座；世界已建跨度250米以上预应力混凝土桥梁有20座，中国占12座。这些世界级大桥中，约八成由湖北桥梁企业承建或参建。

一座座大桥，或飞跃惊涛骇浪，或穿越悬崖陡壁，将在世界桥梁史上书写出新的"中国名片"。

砥砺奋进：视质量为生命

62年前的初秋，在武汉长江大桥建设工地上，工人们正忙着铲下已装好的铆钉。

时任武汉长江大桥施工组织设计小组组长的赵煜澄回忆，大桥钢梁拼装两个月后，发现固定桥梁杆件的上万颗铆钉，与孔眼间有2毫米缝隙，出现松动。"得赶紧马上停工，直到新铆钉填满缝隙，先期铆钉全部弃用"。

桥梁技术含量高、施工挑战大，质量风险伴生而来。"桥梁要防洪水、抗地震、防船撞，桥身还需面对来自各个方向的压、弯、扭、拉等形式受力，专业点说，就像擀面、拉面过程中的面条，一不小心就断裂。"中铁大桥勘测设计院集团有限公司总经理张敏说。

第一次带队修建长江大桥时的一次经历，让中交二航局沪通大桥项目经理杨志德记忆犹新。彼时，江阴长江公路大桥200多米高主塔塔冠浇筑进入尾声，混凝土泵突然出现故障，前期浇筑的混凝土凝固，与后浇混凝土间产生缝隙。

按常规，这类缝隙可按施工缝处理，但可能影响桥塔受力。杨志德毫不犹豫组织上百名民工，凿除300多立方米已浇筑的混凝土，重新浇筑。耽误的半个月工期，杨志德与员工一起24小时轮班连续作业最终追回，如期完工。

去年9月16日，台风"山竹"正面袭击珠三角。港珠澳大桥上，实测风速最高超过每秒55米。强台风过后，港珠澳大桥安然无恙。大桥主体结构、岛上房建及收费站结构、交通工程附属设施均未受损，人工岛上建筑的窗户玻璃没有一扇破裂。2017年以来，这个代表中国桥梁建设最高水平的"世纪工程"先后在3次强台风面前展现了"钢筋铁骨"。

承建港珠澳大桥桥梁工程3个土建标段中工程量最大、结构形式最繁杂的CB05标段的中铁大桥局项目经理谭国顺说，台风如同一次次"超大规模的全尺模型风洞试验"，充分验证了以港珠澳大桥为代表的中国桥梁建设的高超技艺和质量。

质量就是生命。60多年来，湖北桥梁企业的设计施工规范与标准日趋严格，建桥企业质量管理体系日趋完善，加上各类质量监控、后期养护技术与设备投入使用，让建在山谷、江河、海峡间的各类大型、特大型"中国桥"，犹如一座座坚固的钢拳，保障着频次越来越高的汽车、火车、轮船安全通行。

自力更生：创新驱动立潮头

4月1日，记者在武汉杨泗港长江大桥施工现场看到，整个大桥的主缆已经架设完毕，两根金黄色的主缆在天空划出优美的弧线。该桥主桥双层双向12车道，是世界上通行能力最大、使用功能最完备的大跨悬索桥。

"大跨度桥梁技术上世纪在美国、欧洲、日本得到了发展，而进入本世纪后，中国在质与量两方面都引领了世界。"国际桥梁与结构工程协会前主席伊藤学感叹。

（下转第二版）

2019京津冀大数据产业创新应用论坛 特别报道

大数据：为高质量发展『赋能』

经济日报·中国经济网记者 崔国强

图① 5月18日，河北省廊坊市，2019京津冀大数据产业创新应用论坛现场座无虚席，演讲者的发言引发了与会人员的共鸣。

本报记者 高兴贵摄

图② 5月18日，2019京津冀大数据产业创新应用论坛间歇，与会人员就大数据产业相关问题热烈讨论。

本报记者 高兴贵摄

当今，数字化、网络化、智能化已成为鲜明的时代特征，世界经济数字化转型成为大势所趋，中国的数字经济也在持续快速发展。在5月18日举行的2019京津冀大数据产业创新应用论坛上，经济日报社副社长林跃然用一串精确数字展示大数据的“能量”：“2018年我国数字经济达到31.3万亿元，增长了20.9%，占GDP比重34.8%。2018年我国数字经济领域提供就业岗位达到了1.91亿个，同比增长11.5%，明显高于同期全国总就业规模增速。”

如何让数字经济更好地为我国经济社会高质量发展“赋能”？在论坛上，来自国内数字经济产业领军企业的管理者和知名学者从不同角度给出了建议。

新机遇：基于数据的产业大变革刚开始

当前，外部因素带来的不确定性需要我们做好自己的事情，力求在关键领域的创新应用上不断取得新突破，获得未来发展主动权。林跃然认为，数字变革需要创新引领，通过推动大数据产业在工业、交通、金融、物流、商贸、电信等行业领域的创新应用，能够使互联网、大数据、人工智能同实体经济深度融合，实现经济的转型升级发展。

数字化是驱动中国工业高质量发展的核心。数字工业如何抓？与会人员认为，关键是要抓住智能制造和工业企业融合发展。

以互联网企业和信息企业为例，这类企业正在加速与工业、制造业发展融合。工业企业与信息企业签订合同，数据由工业企业提供给信息企业，由信息企业发挥大数据处理的优势，经过算法分析，发现问题并将优化意见返回到工业企业，形成由工业企业工程师和信息产业工程师共同改进生产技术的合作模式。

信息企业同样可以在航天飞行器领域作出贡献。航天飞行器追求更高、更快、更远，要想实现目标，必须运用大数据提供解决方案。“比如减少飞行阻力的课题，过去的研究主要基于传统的认知理论和实践，但基于大数据处理分析而生产的飞行器将能有效降低飞行阻力。”中国航天空气动力技术研究院空气动力理论与应用研究所所长艾邦成认为，要从5个方面解决大数据技术问题：可视化分析、数据挖掘、数据分析利用、语义引擎和数据本身的质量管理。

大数据还能推动不同区域产业融合。据河北省人大常委会党组书记、常务副主任范照兵介绍，北京市通州区与河北省廊坊市的医疗大数据平台实现了两地电子健康档案信息的共享调阅，通过跨区域双向转诊，实现了京冀两地公共卫生资源协同应用。

新动能：扩大就业与壮大经贸“齐飞”

“以微信小程序为例，不仅覆盖了200多个细分行业，还提供了超过1000亿人次的商业和政务服务，累计创造了5000亿元的商业价值，直接拉动就业人数达182万人，足见数字经济的魅力。”中国城市发展研究会副理事长白津夫认为，数字经济是扩大就业的新引擎，特别是在关联就业上效果明显，产生了巨大的价值。

在当今国际经贸体系中，传统贸易模式很难有新的突破，而数字贸易基于数字平台，打通物理空间界限，线上线下深度融合，具有很强的生命力。当前，全球有13亿人与电商关联，我国电子商务交易额约占全球电子商务零售市场的40%，移动支付市场规模快速增长。其中，数字支付给贸易结构带来新变化，除了方便货物贸易，还能为服务贸易提供便利。

新挑战：数据权属界定与保障投入并重

随着大数据产业迅猛发展，一些“成长的烦恼”也伴随而生，专家为“护航”大数据产业发展出了实招。

利用互联网的电信诈骗案件定性难、处理难；用于社会综合治理和服务的大数据应用没有明确权属关系……在全国政协社会和法制委员会副主任陈智敏看来，目前数据权属问题在国际上没有统一、完整、通行的定义，数据的所有权、使用权、管理权、交易权、享有权没有得到法律明确的界定。

“通过立法解决数据权属问题至关重要。一是通过立法或司法解释明确数据的权属关系，为大数据安全奠定法律基础；二是推进大数据安全标准化工作，为分等级保护数据制度提供坚实基础；三是完善数据价值评估体系和数字交易制度，为建立安全、平等、合法的交易市场和发展大数据产业奠定基础；四是加强国际合作，在保障数据主权的基础上倡导国家之间加强数据资源的开发利用。”陈智敏说。

要发展大数据产业，必须有先进的网络技术作为支撑，而5G恰恰可以实现最广泛、最有效的连接。与会人员认为，发展大数据产业必须要推动5G的商用。经过多年努力，我国在5G专利、标准、频谱许可、网络部署等方面取得了阶段性的成功。

但是把5G用到大数据产业仍面临几大挑战。“一是在时间和资金上，5G网络基础设施的演进升级不是废止4G，而是在4G的基础上演进，大概要花1.2万亿到1.5万亿元，用7年左右的时间完成升级；二是要加快发展5G系统设备和终端设备，争取今年下半年实现量产；三是当前与先进标准之间还有不小差距，亟待加快核心技术关键器件和材料的研发，下大力气攻克技术难关。”工业和信息化部原部长、中国工业经济联合会会长李毅中分析说。

对于大数据投资的资金保障也非常重要。当前，河北省正在实施《大数据产业创新发展三年行动计划（2018—2020年）》，专家建议，尤其要重视对钢铁、煤炭、建材、装备制造、石油化工等河北省重点传统产业的数字化，探索这些传统产业数字化的具体路径和资金投入，并落实到年度固定资产投资和科研投入的计划中；同时调整投资结构，把固定资产投资的部分资金投入到数字工业中，保障大数据产业投资有效落地。

观点

李毅中：

把智能制造作为主攻方向

当前，工业数字化转型成为大数据时代工业发展的重要趋势之一，也是推动互联网、大数据、人工智能同实体经济深度融合的重要领域。工业和信息化部原部长、中国工业经济联合会会长李毅中在2019京津冀大数据产业创新应用论坛上表示，我国推进数字工业化，建设制造业强国，要把智能制造当作主攻方向，把握好5G时代的工业数字化转型的新机遇，进一步推进工业互联网发展。

“工业企业要积极应用数字技术，开展以智能制造为核心、各具行业特点的创新和改造升级。”李毅中认为，生产资料制造企业要在已有装备制造基础之上，扩大、丰富数据的采集、分析和应用，由自动化提升为智能化；生活资料制造企业要利用大数据来细分市场、开发产品、创建品牌；电子制造企业要打造智能生产线、数字车间、智能工厂，生产智能终端产品，实现精准制造。

随着5G时代到来，5G所具有的大宽带、高速率、低时延、高可靠、密连接、广覆盖等特性，将显著提升数字产业的功效，也为工业数字化转型带来新的历史机遇。

“从4G的应用经验来看，事实上走出了一条‘先服务消费，后工业制造’的轨迹，5G商用很可能会重复这个规律，例如，高清视频、智能家居、车联网等。”李毅中认为，由于工业、制造业各行业的应用相对更加复杂，必须要加快5G在工业领域的融合应用，推动多方合作，加快布局。

目前，5G在工业领域应用得到了初步探索，5G提升了工业自动化、智能化水平，可以使所有的工业设备、部件等物理单元能连尽连，使发生在生产制造过程中的海量数据能采尽采。比如，南方电网用5G网络承载全部配送电业务，对所有数据都可以采集，打造了“智能电网”，使供电更加安全可靠。“5G与工业的深度融合一定会创造出更多优质的应用场景。”李毅中说。

大数据、云计算、人工智能和传统工业的深度融合发展，将带来一场工业数字化的转型变革。京津冀地区作为我国经济发展的重要增长极，近年来大数据产业发展蒸蒸日上，大数据产业创新应用也不断取得突破。李毅中表示，未来，京津冀三地要加强协同发展，在大数据产业创新应用、推进工业数字化方面进行更多合作。

文/本报记者 吴 涛

数字经济助推产业跨界融合

数字经济正成为信息产业中最具活力的细分市场。以互联网、大数据等为代表的数字经济已融入我国经济社会中的各个领域，成为推动经济发展质量变革的重要驱动力。一二三产业之间的跨界融合实践不断推陈出新，应用领域不断扩大。

由于数字经济具有虚拟性、高附加性的特点，使其能够提高同一产业不同环节、不同经营实体之间的关联性，并加快信息要素在不同经营主体和不同行业之间的流动。而大数据、5G产业和新一代信息技术的不断升级，也为产业跨界融合提供了更加便利的条件。

数字经济发展对产业跨界融合具有强大推动力。从现实看，数字经济的跨界融合拥有超万亿级的巨大市场。最近研究显示，“数字经济+”“人工智能+”等模式，将存在于每一个产品、每一项服务和每一个经济活动中并不断进行业态升级，可以说是无所不在。未来经济结构将不再是独立的行业相加组成，随着数字经济的加入，产业边界会越来越模糊甚至消失，彼此将无缝衔接，真正做到你中有我、我中有你。

同时，未来的产业会呈现多元化、立体化、开放化、标准化的趋势，企业可能是一个平台化、订单化和虚拟化的载体，数字经济助推产业跨界融合将成为新常态。

文/国家发改委国际合作中心执行总监 吴维海

5月18日，2019京津冀大数据产业创新应用论坛会议现场，与会人员认真听取发言。

本报记者 高兴贵摄

多位专家热议数字经济发展前景——

积极拥抱“数字蓝海”

本报记者 张 雪

2018年，我国数字化新业态不断涌现，网络支付用户规模达6亿。长三角、京津冀、粤港澳等区域信息化协调发展，区域数字经济增长极正在形成

“随着人类社会的高度信息化发展，大数据应用及其相关产业正成为全球产业发展新的增长点。有关数据显示，数字化程度每提高10%，人均GDP就会增长0.5%至0.62%。”中国遥感应用协会常务副秘书长卫征介绍，我国自上世纪以来，以数字经济为牵引，通过创新服务模式、提升用户体验，有力提升了数字经济及相关产业发展。

《数字中国建设发展报告（2018年）》显示，去年我国数字化新业态不断涌现，网络支付用户规模达6亿。长三角、京津冀、粤港澳等区域信息化协调发展，区域数字经济增长极正在形成。数据资源已成为驱动数字经济发展的核心要素，信息消费对拉动内需、促进经济增长形成强大动力。

“当前，数字产业与智能制造业不断深度融合为数字经济发展带来良好前景，我们要积极拥抱数字经济蓝海。”国家能源专家咨询委员会副主任徐锭明表示，推动数字经济高质量发展，需把握3个关键词：数据要素、融合发展、多元共治。中国要发展大数据，一定要建立诚信体系，弥合数字鸿沟，加强国际合作，分享数字经济发展成果。同时，还要防止数据垄断，应建立相关法律，为数字经济安全发展保驾护航。

“以遥感为主的空间信息消费，是围绕资源开发、环境保护等群体性需求展开的，它具有社会治理、开发型的消费属性。”卫征说。

谈到具体的遥感数据，卫征表示，它的特性在于宏观和真实，而且它有更高的信息密度，这种信息密度需要通过各种各样的信息手段去挖掘，然后形成专业产品。这个系统有集合、形态、数量、光谱、时间等各类信息，为人们经济生活提供各种服务。

如何通过整合城市里的数据资源来实现城市的精细化治理？对此，科大讯飞大数据研究院执行院长谭昶认为，需要完成从数据共享、业务共享到智能化治理的转变，利用大数据、人工智能等新技术服务实体经济，辅助社会治理和政府管理。

谭昶表示，首先要形成数据共享的时空记忆，将整个城市时间上、空间上的数据统一融合、统一处理。“我们要对数据进行深度分析，发现里面的关联问题，哪个点是影响问题的核心关键点，之后要让专家判断发现的问题要不要处理，处理的优先级如何。更新这些知识后，人工智能算法模型就可以不断进步、持续成长，最终实现智能化治理。”谭昶说。

5月18日，2019京津冀大数据产业创新应用论坛间歇，与会人员十分兴奋地讨论释放大数据产业创新应用新动能。 本报记者 高兴贵摄

2019京津冀大数据产业创新应用论坛　特别报道

京津冀地区作为我国经济发展的重要增长极，大数据产业蓬勃发展，大数据产业创新应用亮点纷呈。在“2019京津冀大数据产业创新应用论坛”上，与会嘉宾畅所欲言，认为推动京津冀大数据产业创新应用，要不断推动“互联网+”“大数据+”“人工智能+”，推动互联网、大数据、人工智能同实体经济深度融合，促进新产业、新业态、新模式的蓬勃发展，实现经济的转型升级发展

全国政协副秘书长、农工党中央专职副主席曲凤宏：

大数据将重构信息产业格局

随着我国经济发展进入新常态，大数据在稳增长、促改革、调结构、惠民生方面扮演着越来越重要的角色。在经济社会发展中的基础性、战略性、先导性的地位越来越突出。“大数据也将重构信息技术体系和产业格局，为我国信息技术产业发展提供巨大的发展机遇。”曲凤宏说。

曲凤宏表示，以互联网、大数据、人工智能为代表的新一代信息技术不断突破，并加速与各行业领域融合发展，在全球范围内运用大数据推动经济发展、完善社会治理、提升政府服务和监管能力正成为趋势。

目前，我国移动互联网用户规模居全球第一，拥有丰富的数据资源和应用市场优势。大数据部分关键技术的研发取得了突破，涌现出了一批互联网创新企业。

曲凤宏表示，“当前京津冀协同发展已进入滚石上山、爬坡过坎儿、攻坚克难的关键阶段，大数据在其中发挥着关键作用。

大数据产业应用，担负着从大数据中挖掘新知识、创造新价值、提升新能力的使命，大数据在推动经济高质量发展的新动力、重塑国家竞争优势的新机遇等方面意义重大。曲凤宏希望社会各界能够开拓思维、共享成果，为加强大数据在重点行业领域的深入应用，促进跨行业大数据融合创新，推动大数据与各行业融合发展贡献力量。

文/本报记者　朱　磊

全国政协社会和法制委员会副主任、中国友谊促进会理事长陈智敏：

通过立法明确数据权属关系

数字经济是一种新经济形态，正在改变着社会的生产关系，在新的生产关系中数据无疑是最主要的生产资料。

“目前，主要问题是数据权属问题在理论上没有统一、完整、确切的定义，数据从法律上没有被赋予资产的属性，所以数据所有权、使用权、管理权、交易权、享有权没有被相关的法律充分认同和明确界定，特别是国际社会没有形成共识和遵行的规则。”陈智敏说，这个问题对人类社会的安全发展产生重大影响。

陈智敏建议有关部门要组织有关专家尽快研究数据权属问题，从法律上明确政府、企业、个人在大数据权属关系中的地位，制定既符合国情，又与国际接轨的数据确权法律和制度。

一是通过立法或是司法解释明确数据的权属关系，为大数据安全奠定法律基础。对关乎国家安全的数据要确定主权和管辖范围，对关乎个人隐私的安全数据，应该结合民法、物权法等明确数据所有权、使用权。

二是推进大数据安全标准化工作，否则很多数据将成为一堆垃圾。应尽快建立标准工作，制定数据的分类、分级标准，为等级保护数据的制度提供科学基础。

三是完善数据价值评估体系和数字交易制度，为建立安全、平等、合法的交易市场奠定基础。

四是加强国际合作，在保障数据主权基础上倡导国家之间加强数据资源的开发利用和合作，尊重网络主权，推动建立共享、共治、安全的全球网络体系。

文/本报记者　朱　磊

国家信息中心首席信息师张新红：

抓住数字机遇升级实体经济

“大数据为实体经济转型升级提供了前所未有的历史性机遇，所有的生意都值得重做一遍。”张新红开门见山地亮明了自己的观点。

他认为，数字经济重新定义了一切，纯粹意义上的“实体经济”将不复存在。“拿农业来说，与农业相关的各个生产要素，以及每一个要素的运转过程，未来基本上是都要建立在数字化之上。工业也是一样，至于服务业的数字化也是如此。”

物理学家约翰·惠勒有一句话，叫“万物源于比特”。张新红表示，一旦把所有的事物变成0和1，机器就可以识别、捕捉、认识，并将其转化成有用的数据、有用的信息、有用的知识，最后形成智慧，这就是数据的价值。所谓数据赋能，机器可以帮助我们把所有的变化全部捕捉下来，所有的规律都有可能被发现。“如果所有的过程都能够数据化，那么人类认识和改造世界的能力将会大大增强。”

大数据到底给实体经济带来了什么好处？张新红认为，这个问题的答案是数字机遇。“因为有了大数据、人工智能、共享经济，把它们结合起来就会发现玩法同以前完全不一样，一下子可以用全社会的资源来完成你想要得到的服务，解决过去很难解决的问题。”他认为。

“万物源于比特，所有能数据化的都将数据化；应用才是正道，所有的生意都值得重做一遍；数据驱动一切，基于数据的产业变革才刚刚开始。所有人都有机会！”张新红说。

文/本报记者　张　雪

中国航天空气动力技术研究院空气动力研究所所长艾邦成：

为航天技术插上“想象的翅膀”

“航天与大数据是物理世界与虚拟世界的对话，虚拟数字已经形成了一个数字世界，物理世界和数字世界同等重要，大数据、人工智能为航天技术插上‘想象的翅膀’。”艾邦成这样形容大数据和人工智能技术对航天技术的推动作用。

在艾邦成看来，大数据必须要有人工智能基于高性能计算平台经过处理才能形成有效应用，这三个是相互支撑、相互发展的共生关系。“人工智能是一种现代化的工具，是人类文明进步的时代表征，早期我们用纸张，用计算机，现在用人工智能，它向商业行业渗透，也渗透到了自然科学领域，未来会创造大家想象不到的空间，带来的不仅仅是技术本身的进步，同时也带来研究模式的巨大改变，甚至变革”，艾邦成说。

计算机在过去改变了飞行器设计发展的历史，1980年以前飞行器都是通过地面试验和理论研究作为设计主要支撑，1980年之后发生了转折，引入了大数据计算作为技术手段，这主要归功于芯片技术和计算机技术的发展，并且仍在飞速进步。飞行器永远追求更高、更快、更远，从早期莱特兄弟的低速飞机，到现在超音速飞机，再到未来高超声速飞行器，两小时飞遍全球，实现这个理想，按照传统路径会很久，但也许大数据人工智能可以为我们提供全新解决方案。“比如，减少飞行阻力的课题，基于大数据处理分析可以快速得到过去需要很长周期才能获得的成果。”

与此同时，艾邦成也坦言，相比商业大数据，科学大数据还处在发展的初期阶段，要从5个方面解决相关技术问题：发展可视化分析、深入数据挖掘、拓展数据分析利用、强调语义引擎和数据本身的质量管理。

文/本报记者　崔国强

1　“2019京津冀大数据产业创新应用论坛”现场[illegible]。

2　“2019京津冀大数据产业创新应用论坛”与会嘉宾[illegible]。

3　全国政协社会和法制委员会副主任、中国友谊促进会理事长陈智敏[illegible]。

4　论坛现场，与会人员认真聆听发言。

本报记者　高[illegible]摄

河北省人大常委会党组书记、常务副主任范照兵：

加快大数据产业创新合作

“京津冀大数据产业创新应用论坛举办盛会，必将对推进京津冀协同发展，特别是加强大数据产业领域的创新应用及合作起到重要推动作用。”范照兵说。

他指出，在国家政策的强力推动下，大数据产业进入了加速发展的快车道，数字经济新业态、新模式蓬勃发展，成为推动经济社会发展的重要动力。大数据时代已经真切而清晰地来临，并日益广泛深刻地影响着人们生产生活的方方面面。

范照兵介绍说：“河北加快发展大数据、智能化、移动互联网、云计算等新一代信息技术产业，我们全力推进京津冀大数据综合试验区建设，不断深化与京津冀在交通、医疗健康、旅游、教育、环保等领域大数据的应用和协同创新，华为廊坊云基地、中国联通廊坊云中心等一批数据中心相继建成投用，彰显了大数据产业的发展力量。当前，河北省数字经济、信息产业、智能城市建设等已经呈现出蓬勃发展的强劲势头。”

范照兵表示，加快大数据产业创新领域的交流合作，是深化经济结构调整的重要方向，是一篇潜力巨大、前景光明的大文章，也是一篇应该做好，也能够做好的大文章。河北省将继续主动加强协同合作，有效实现京津冀三地大数据产业优势互补，推动实现大数据产业协同创新加快发展。

文/本报记者　张　雪

经济日报社副社长林跃然：

数字经济需要创新引领

当今世界，信息技术创新日新月异，数字化、网络化、智能化的深入发展，在推动经济社会发展、促进国家治理体系和治理能力现代化、满足人民日益增长的美好生活需要方面发挥着越来越重要的作用。

“数字化、网络化、智能化成为鲜明的时代特征，世界经济数字化转型也成为大势所趋，中国的数字经济也在持续快速发展。报告显示，2018年我国数字经济规模高达31.3万亿元，比2017年增长了20.9%，占GDP比重34.8%。”林跃然说。

林跃然表示，数字变革需要创新引领，推动大数据产业创新应用，就要不断推动“互联网+”“大数据+”“人工智能+”，通过大数据产业在工业、交通、金融、物流、商贸、电信等行业领域的创新应用，同时推动互联网、大数据、人工智能同实体经济深度融合，实现经济高质量发展。

为进一步促进京津冀大数据产业创新应用，林跃然提出四项建议：一是推动三地信息数据开放、对接、共享，打造京津冀统一数据开放平台，实现全方位、多领域大数据协同。二是继续推动移动互联网、云计算、大数据、人工智能向传统行业领域的深度应用拓展，促进新产业、新业态、新模式的蓬勃发展。三是紧紧围绕“数字中国”战略，加快5G商用步伐，推进人工智能、工业互联网、物联网等新型技术设施建设。四是推动大数据人才、技术、管理等对外开放合作，支持企业、社会组织等开展多层面国际大数据创新合作。

文/本报记者　朱　磊

中国城市发展研究会副理事长白津夫：

数字化是扩大就业新引擎

不久前刚刚公布的一组数据显示，从2007年到2016年，数字经济推动就业年均增长7.2%，对城镇新增就业贡献率超过了70%；2018年数字经济领域创造就业岗位1.91亿个，占当年总就业人数的24.6%，同比增长11.5%。白津夫认为，这意味着数字化是扩大就业的新引擎。

白津夫指出，数字经济拉动就业体现出了几个新特点。第一，数字经济是就业友好型创新，创新本身就存在对劳动的替代，创新排挤就业是不争的事实。但数字经济发展创造的就业远远大于排挤就业，所以数字经济就业友好的特点非常明显；第二，数字经济快速发展，解决了年轻人的就业问题，优化了就业结构；第三，在数字经济领域容易实现高质量就业，就业收益率相对较高；第四，灵活就业突出。在数字经济背景下，完全打破了原有的组织化就业模式，按需就业、按兴趣就业、按时间就业成为常态，这些富有特点的就业重新定义了就业模式。

“在数字化时代，以互联共享为原则，以小规模定制为特点。围绕这个特点，要形成新的数字思维，用数字思维来指导变革。”白津夫说，数字有无限的张力，数字经济有无限的活力，要利用数字化加快推动经济结构调整，推动高质量发展。　文/本报记者　张　雪

中国电信技术创新中心主任毕奇：

5G技术推动数字经济创新发展

移动通信已经从1G走过了4G，当下正朝着5G发展。

毕奇表示，当前5G有三大应用场景。一是大带宽和高速率场景；二是海量连接场景，主要是物联网；三是高可靠低时延场景。这是一个新的领域，有潜力把智能和工业结合在一起，对数字经济产生更大价值。目前，中国电信已经与全国200多个伙伴合作，聚焦5G在十大行业的发展。

“智慧城市”是其中一个方向。毕奇介绍说，中国电信在这方面做了大量工作，包括在雄安实施了智慧治水项目，取得了非常好的效果。

除了5G应用，毕奇认为5G将会推动5G产业链上下游健康发展，电子产业更上一个新台阶。例如，对于芯片的宽度，3G是65纳米，4G是28纳米，5G时代是7纳米。宽度的变化将带动设备、器件、算法及设计创新。

5G技术将给互联网、物联网和垂直行业带来全新的商机。毕奇认为，通过5G的推动，河北省的“大智移云”计划有潜力形成一批特色明显、优势突出的高科技产业。

文/本报记者　崔国强

中工服工惠驿家总裁陈伟：

让卡车司机体验数字物流

去年，全国总工会向全国卡车司机群体落实一系列普惠性示范项目，“工惠驿家”项目就是其中之一。国家发改委、交通运输部也采取了交通运输业降本增效一系列举措。在此基础上，中工服提出了建设“数字物流产业创新城+工惠驿家”解决方案，为全国3000万卡车司机提供服务。

“卡车司机生产生活中所需要的基本服务和特色服务都应该包含在工惠驿家之内。”陈伟介绍说，“工惠驿家”旨在为各级工会动员、组织、服务货运司机职工提供新的入口和高效帮助，为物流货运行业高品质良性发展，提供互联互通的优质资源共享服务支撑平台。

“工惠驿家”项目以服务卡车司机为中心，聚合工会资源、政府资源、工惠驿家资源以及其他社会资源，实现工会、企业、会员之间智能化互动，通过工惠驿站提供的停车、综合能源供给、卡车定制、汽车配件耗料供给等服务，打造工惠驿家线上线下融合服务生态体系。

根据工惠驿家的算法和调研结果，每辆大卡车每年可以节约刚性支出5万元。一辆大卡车按照两位司机运营计算，人均节约2.5万元/年。享受到这样普惠性、常态化、精准的服务，会进一步提升卡车司机获得感、归属感和幸福感。　文/本报记者　崔国强

种的是树，育的是人——

五位退役老兵的“新沙场”

经济日报·中国经济网记者　陈　力

最美退役军人

阿拉善，一个人烟稀少的地方，腾格里、巴丹吉林、乌兰布和三大沙漠在此交汇。这里地上不长草，天上无飞鸟，曾被联合国教科文组织认定为“生命禁区”。阿拉善军分区原司令员李旦生、原司令员张新华、原司令员李德海、原政委王永华，以及内蒙古军区原司令员黄高成，都是以一身“国防绿”长年驻守在这片四季不变色的黄沙里。

解甲后，5位老兵难以割舍对第二故乡的热爱，毅然从北京、江苏、山东、呼和浩特等地归来，拎起水桶，扛上铁锹，再进沙漠植树。从在职到退役，接力治沙19年，终于筑起一道16万亩的绿色屏障。

集结沙漠植树

今年清明节，戈壁滩上的第一场春雨不期而至，腾格里沙漠东缘植树现场，旌旗猎猎。在“众人拾柴火焰高，众人栽树树成林”的横幅下，阿拉善党政军警民干人上阵，挖坑、栽树、培土、浇水，个个使出浑身力气，大家干得热火朝天。李旦生负责一片生态林，他还像当年在练兵场一样亲力亲为，来回奔忙。

今年76岁的李旦生依然腰杆笔直，生态大会战一次不落。“本世纪初，阿拉善的沙尘暴席卷威胁京津。在做好本职工作的同时，军分区积极投身生态建设，那时我们就打响了‘绿化大沙漠、遏制沙尘暴’的生态能击战。”时任阿拉善军分区司令员的李旦生回忆，当时，他们面临“两有两缺”的境况：有人力、有激情，缺资金、缺技术。

沙起阿拉善，牵动万人心。李旦生动员老同学，时任深圳证券交易所理事长陈东征，“阿拉善成为河套平原乃至华北、京津的最后一道生态防线，决不能再度失守，每个人都应有所作为”。带着这样的认识，陈东征率领数批员工志愿者深入腾格里沙漠，与阿拉善军分区官兵携手植树。

而后，军分区与深交所制定了《生态建设五年规划》和《青年林三年规划》，军分区与深交所发起倡议，带动32家上市公司成立了阿拉善生态基金会。军分区党委连续制定《三年规划》，每年与驻地党委政府联合组织召开生态对话会，调动发改委、水务局、气象局等部门，为生态建设解决难题。军分区还建立生态建设定期听取汇报、绩效评估和检查评比制度，探索军民融合、军企联合、资源整合的生态建设良性循环之路。

2004年，本该退休回北京的李旦生由于治沙计划没有完成，毅然留下来。2008年，阿拉善军分区司令员张新华也退休了。李旦生找到他：“在家待着干啥？到沙漠一起种树吧！”张新华逢人就说，“李司令退休治沙，我也不能当逃兵啊”。2012年，受两位退休司令员治沙精神的感染，一头银发的内蒙古军区原司令员黄高成也加入了治沙队伍。2015年退休的李德海、2017年退休的王永华没等3位老司令员张口，主动找上门来：“在沙漠里种树，算我一个！”

退役老兵（左起为张新华、黄高成、李旦生、李德海）在治沙植树大会战现场。　　（资料图片）

老兵们查看已经变得郁郁葱葱的植被。　　（资料图片）

变身植树行家

每年，黄高成和老伴儿都要从北京来沙漠四五趟，并利用各种机会了解沙漠治理的新理念、新技术，为军民传授植树新方法。“种活一棵树，固住一方土，护住一片绿”，望着身后郁郁葱葱的树林，黄高成感慨地说，“这些成果离不开军分区的全体官兵，离不开深交所的全体员工，离不开驻地干部群众。”

相比黄高成，张新华离沙漠近多了。春季植树时，张新华都从呼和浩特开车赶往阿拉善，700多公里的路程，需要一整天时间，之后一住就是个把月。“雇人植树，挖个坑要0.27元，买棵树苗要0.1元，还要打井、管护、培育树苗，所以需要精打细算，每分钱都必须花在刀刃上。”和张新华聊天，发现他满脑子都是算种树账。

久在沙漠成行家。张新华和李旦生共同筹集的生态建设资金，目前已在阿拉善建成了3个大型种植基地。黄高成发明了“高压喷水打孔”植树法，原来种活一棵树需要15升水，现在只需8升水。李德海、王永华采用多层篱笆防风防沙法，确保了沙漠防护林成活率达到80%。

2016年春夏之交，正是治沙植绿最忙的季节，老兵们请来10多位生态专家研究治沙方法。这时的李德海突然接到母亲病危的消息，还没等他走出大漠，又传来母亲病逝的噩耗。这个硬汉强忍泪水，向着家乡的方向深深地鞠了三次躬，既然见不到最后一面，索性通过植树为母亲送行。15天的植树大会战，李德海一直在生态基地现场指挥。会战结束后，他独自来到苗圃基地，用手机放着国歌，一个人升起了国旗，这是母亲最想看到的场景。一望无际的工地上，李德海任凭泪水洗刷着他满是沙尘的面颊……

国情教育基地

“在沙漠干了一辈子的老兵，退役后把孩子们为他们设计的旅游路线改成治沙路线，他们的故事需要年轻人知道。”阿拉善军分区政委张学增说，阿拉善军分区为此推出了沙场互动“国情教育”，让年轻人栽下一棵树苗的同时，也对自己的心灵进行一场“绿化”。

第一次进入沙漠，第一次当士兵，第一次实弹射击，第一次沙漠植树，第一次沙漠冲浪，第一次沙漠拉练……来自深圳、上海、大连、北京等城市从事金融工作的年轻人纷纷感叹“骨头像散了架一样”，但许多人更难忘这次“心灵之旅”。

“年逾古稀的黄高成将军给我们讲课，两个小时一直站着。”深圳证券通信有限公司的曾洁回忆与边防官兵对话的一幕，“老将军总结自己人生的三个感悟：珍惜每一个岗位；信党爱党为党跟党走；保持昂扬的精神状态和强大的心理状态。他具故事员下到内蒙古军区司令员，我们不由得肃然起敬。”来自上海期货交易所的凌丽也参加了“拥抱阿拉善”2018年春季国情教育活动，她说，“这里没有WIFI，没有电视，但是有一批放弃晚年安逸生活继续奉献的老兵，让我们感受到前所未有的充实。一起军训、上党课、植树，对我们是一次身体的历练，一次精神的洗礼”。

“跟着老兵去种树”，在阿拉善已经蔚然成风。19年来，100多名官兵脱下军装后，投入到治沙植树大会战。先后有23万人次的军民投入到植树会战中，陆续建成了中国上市公司生态林、八一同学生态林、深圳通信卫星生态林、边防军民生态林等多个共建基地，在腾格里沙漠东缘形成宽4000米、长30000米的绿色长廊。

“种的是树，育的是人，造的是福，积的是德。几位退役老兵已经郑重立下‘百年承诺’：建党100周年时建成生态公益林20万亩，建军100周年时建成生态公益林30万亩，建国100周年时建成生态公益林40万亩。这既是老兵们‘生也沙丘、死也沙丘’的明志，更是国情教育实时更新的教材。”张学增说。

最美教师

援疆教师刘美：

「阿勒泰需要我」

本报记者　乔文汇

从黑龙江漠河到新疆阿勒泰，从大兴安岭到额尔齐斯河畔，刘美的援疆之旅跨越5000公里。

2017年2月，刘美作为黑龙江漠河市职业技术学校团委书记、信息技术课教师，响应国家“援藏援疆万名教师支教计划”号召来到阿勒泰。一年半期满结束后，她再次响应国家号召，留在了这里。

娃娃脸，热情，爱笑，一般认真的，口东北腔，在刘美工作的富蕴县职业技术学校，她的“识别度”非常高，被学生们亲切地称为小美老师。课堂上，刘美运用多种教学手段，努力把信息技术知识讲“活”，营造轻松活泼的课堂氛围，激发学生们的学习兴趣。

初到新疆时，由于水土不服、气候干燥，刘美一度出现咽喉肿痛、流鼻血症状。陌生的环境、不同的作息时间，加之思念远方的家人，她也想过打退堂鼓。“但每次脑海中浮现学生们求知若渴的眼神，就打消了回家的念头。”刘美说。

有一次，刘美不慎摔伤了腰，仍坚持上课。看到手托后腰上课的小美老师，学生们齐喊“犀特尔克罗”（哈萨克语“真棒”）。“既然选择了援疆，就不能碌碌无为。不管什么原因，不能耽误教学。”她说。

刘美发现学生德丽努尔·木拉提每天上学都吃不上早饭，她买来酸奶、面包，上学前悄悄放在她的书桌里。一连几天，这名哈萨克族女孩都一头雾水。有一天，德丽努尔·木拉提早半小时到校，看到刘美老师为她准备的早餐，感动得流下了泪水。她把这份感动埋在心里，“看到老师腰部受伤，便跟妈妈学习缝制靠垫。新学期开学第一天，她把亲手制作的靠垫送给了小美老师。

“与漠河比起来，阿勒泰更需要我。”在34岁的刘美心中，阿勒泰已经是她的第二故乡。

教学之余，刘美组织成立了“黑龙江省对口援疆富蕴县志愿者服务队”，为受援地居民提供各种志愿服务。援疆期间，刘美加入了中国共产党，并获得富蕴县职业技术学校优秀援疆教师、富蕴县民族团结先进个人、黑龙江省援疆前指优秀援疆人才等荣誉称号。

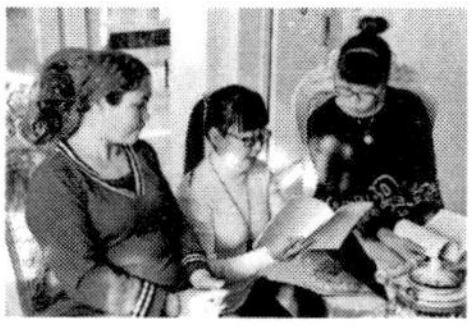

刘美老师（中）在宣讲党的十九大精神。
本报记者　乔文汇摄

爱国情　奋斗者

润泽科技创始人周超男：

“享受创业奋斗的乐趣”

本报记者　吴　浩

“我一直保持着年轻人的心态，正全力以赴进行第三次创业。虽然很多苦，但我很享受奋斗的过程。”润泽科技创始人周超男告诉记者，为了工作奔波各地，是她的生活常态。

身为湖南人，周超男的“闯劲”和“拼劲”让年轻人自叹不如。“我经常到全国各地出差，有时睡觉都是在旅途中解决，车几乎成了我的第二个家。”周超男说。

周超男是一名资深“北漂”。2000年，她在不惑之年来到北京打拼。当时通信行业方兴未艾，她瞅准这一行业的发展潜力，开始人生第一次创业，成立了天often通信网络有限公司，聚焦城域信息管网集约化建设。

周超男介绍，公司已在安徽、山东、江西、北京通州等12个地区建设管网2000多公里，有效解决了城市信息管网建设中“拉链路”带来的资源浪费、交通拥堵等问题，辅助运营商节约成本达2亿元以上。

2009年，小有成就的周超男没有裹足不前，而是开始了她的第二次创业。这一次，她瞄准的是大数据产业。

“10年前，大数据产业还属于前沿领域，我看好它未来的发展前景，决定在大数据产业方面率先布局。”周超男对自己的眼光充满自信，她认为做企业就是要有超前的眼光和敏锐的市场预测能力。

周超男在京津冀大数据创新应用中心工地现场。
（资料图片）

2009年，在大部分人对“大数据”还不甚了解的时候，周超男成立了润泽科技发展有限公司，在河北廊坊经济技术开发区投资建设了润泽国际信息港项目。经过10年的耕耘，目前，润泽国际信息港已建成21.1万平方米的高等级数据中心，33万平方米的京津冀大数据创新应用中心，成为京津冀大数据综合试验区布局中的重要节点。周超男说：“润泽国际信息港项目全部建成后，将成为亚洲最大的云数据中心集聚港。”

京津冀大数据创新应用中心的建筑外形犹如一支舰队，润泽员工形象地称之为“大船”。“我们希望在大数据产业发展领域，不仅要做到自身实力强大，同时也能引领行业发展。在大数据海洋中，劈风斩浪，发挥领航作用。”周超男表示，“大船”这个188天建设完工的项目，曾创造了“廊坊速度”，也将在中国大数据产业发展中成为重要的地标式建筑。

经历两次创业成功，周超男没有放慢脚步。2018年，她开始第三次创业。

“第三次创业，我选择了‘工惠驿家’这一普惠项目，希望能让卡车司机享受到大数据和科技带来的改变，让运输变得更加智能、安全、舒适。”周超男说。

周超男介绍，“工惠驿家”是中华全国总工会试点推广的“互联网+”工会普惠性服务项目，旨在通过建设“数智物流产业创新+工惠驿家”，构建基于“云计算、大数据、物联网、人工智能”等新一代信息技术平台的工惠驿站，为卡车司机提供普惠性服务，为物流货运行业良性发展提供综合性大数据支撑平台。

“未来，卡车司机可以借助工惠驿家，享受加油等优惠服务；通过集约化数智分拨共享服务平台，高效便捷地进行货物装卸；司机不用苦熬着排队等候装货卸货，会有更多时间在家与家人团聚；当驾驶疲惫时，司机还可以在工惠驿站免费洗澡、吃饭睡觉。”周超男列举了“工惠驿家”要实现的目标，她希望用下一个10年，推动全国3000万卡车司机都能享受到“工惠驿家”的普惠福利。

从40岁“北漂”创业，到如今60岁开启人生的第三次创业，周超男每10年一次的创业历程，成为她人生的鲜明注脚。从前两次创业积累与沉淀，到现在做“工惠驿家”普惠项目，她把回馈社会看得更为重要。

“企业的发展离不开社会支持，更离不开国家强大、爱国家和爱人民，应该是企业家一生的信念！”周超男说。

影像·人物

返乡创业促就业

戚善成摄影报道

1994年11月出生的王赞，是江苏宿迁市耿车镇新稍村人。2013年，王赞考入徐州医科大学临床专业，2016年8月毕业后回乡创办了宿迁市竹林风家具有限公司，主要从事木质家具的加工及网上销售。如今，企业生产的100多种轻家具产品“网销”全国各地，月销售额300多万元，带动100多名村民在家门口就业。

王赞在核对发货订单。

王赞在加工产品。

社址：北京市西城区白纸坊东街2号　读者服务：13911270606（同微信号）　查号台：58392088　邮编：100054　传真：58392840　零售每份：1.00元　广告许可证：京西工商广登字20170090号　广告热线：58392178　发行热线：58392172　昨日（北京）开印时间：4:20　印完时间：5:50　本报印刷厂印刷

后记

《2019 数字经济大会报告》由经济日报社中国经济趋势研究院和润泽科技发展有限公司联合策划、组织和编撰，是 2019 数字经济大会的成果之一，并纳入经济日报社中国经济趋势研究院·中经智库系列丛书。关注数字经济发展、聚焦理论前沿、推广创新应用，是本书编撰的宗旨之一。

2018 年，我们编撰的《2018 数字经济大会报告》出版发行，得到政界、学界、业界的好评。数字经济发展需要绵绵用力、久久为功，本书的编撰也将会持续聚焦数字经济领域，力争打造成为数字经济领域专业权威的系列丛书，成为广大读者了解数字经济前沿发展的窗口，同时也为政府、企业的决策者们了解、制定数字经济时代的政策、发展战略提供有益的借鉴和参考。

我们要感谢河北省人民政府、经济日报社、河北省工信厅、河北省商务厅、河北省通信管理局、廊坊市人民政府、廊坊市商务局、廊坊市工信局、廊坊经济技术开发区、润泽科技发展有限公司等单位对“2019 数字经济大会”以及本书的大力支持和帮助。感谢出席“2019 数字经济大会”的嘉宾和为本书贡献了大量精彩内容的作者们。特别感谢润泽科技发展有限公司董事长周超男女士在大会及本书策划筹备过程中的辛勤付出和无私奉献。感谢经济日报出版社给予的帮助。此外，我们参考了大量数字经济方面的研究文献和资料，谨向学术界的各位同仁表达由衷的感谢。

对 2019 数字经济大会作出贡献的还有以下同志（按拼音排序）：蔡京京、曹元水、崔国强、高鹏宇、贾宾、贾希、李笠、李涛、李凤文、李树芳、龙煦霏、刘静然、邱小曼、秦博颖、任瑛、谭阳、檀平华、王超、王智、王佳丽、王俊岭、魏海燕、薛良、邢雪见、杨德山、张笑鲲、朱磊、宗蕾、赵海龙、赵婉萍、周文胜、祝敬、张雪、张娴。在此一并向他们表示感谢！